高等职业教育新能源汽车类专业教材

智能网联汽车概论

湖南省职业教育与成人教育学会
高职交通运输类专业委员会◎组织编写
刘建林 谢 凯◎主 编
杨 昕 童 鹏 邓先奇◎副主编

人民交通出版社股份有限公司
北 京

内 容 提 要

本书是高等职业教育新能源汽车类专业教材之一,主要内容包括智能网联汽车概述、智能网联汽车环境感知技术、智能网联汽车高精度定位导航技术、智能网联汽车线控技术、先进驾驶辅助系统、智能网联汽车通信技术。

本书可作为高职院校新能源汽车技术、新能源汽车检测与维修技术、智能网联汽车技术等专业教材,也可供新能源汽车及智能网联汽车维修人员及相关技术人员参考使用。

图书在版编目(CIP)数据

智能网联汽车概论/刘建林,谢凯主编.—北京:
人民交通出版社股份有限公司,2023.12
ISBN 978-7-114-19030-8

Ⅰ.①智… Ⅱ.①刘… ②谢… Ⅲ.①汽车—智能通信网—高等职业教育—教材 Ⅳ.①U463.67

中国国家版本馆 CIP 数据核字(2023)第 198177 号

书　　名:	智能网联汽车概论
著 作 者:	刘建林　谢　凯
责任编辑:	郭　跃
责任校对:	赵媛媛　龙　雪
责任印制:	张　凯
出版发行:	人民交通出版社股份有限公司
地　　址:	(100011)北京市朝阳区安定门外外馆斜街 3 号
网　　址:	http://www.ccpcl.com.cn
销售电话:	(010)59757973
总 经 销:	人民交通出版社股份有限公司发行部
经　　销:	各地新华书店
印　　刷:	北京市密东印刷有限公司
开　　本:	787×1092　1/16
印　　张:	8.5
字　　数:	190 千
版　　次:	2023 年 12 月　第 1 版
印　　次:	2023 年 12 月　第 1 次印刷
书　　号:	ISBN 978-7-114-19030-8
定　　价:	28.00 元

(有印刷、装订质量问题的图书,由本公司负责调换)

》前言

随着新一轮科技革命和产业变革深入推进,汽车与能源、交通、信息通信等领域加速融合,汽车的电动化、网联化、智能化、共享化成为汽车产业发展的主流和趋势。为了对接汽车产业发展新趋势,满足新能源汽车领域高质量发展对高素质技术技能人才的需求,推动职业教育专业升级和数字化改造,提高人才培养质量,湖南省职业教育与成人教育学会高职交通运输类专业委员会组织湖南交通职业技术学院、湖南国防工业职业技术学院、湖南机电职业技术学院、湖南生物机电职业技术学院、湖南石油化工职业技术学院、益阳职业技术学院共同编写了高等职业教育新能源汽车类专业教材。

本套教材编写深入贯彻落实党的二十大对教材建设与管理作出的新部署新要求,遵循知识和技能并重的改革方向,根据高等职业教育的特点以及高职院校学生的学习情况进行编写,具有以下特点:

(1)教材编写依据最新的课程标准及特定的工作任务,构建难度适当的理论知识体系,以学生的实操内容及职业素养培养为核心,围绕典型工作任务设计教材项目、任务,突出知识的实用性、综合性和先进性。教材设置"三维目标""任务描述"等内容,每本教材均配有"任务工单",充分体现理论实践一体化的教学模式。

(2)教材编写过程中充分吸纳行业、企业专家,深入了解目前行业、企业对本专业人才的实际需求,由相关企业提供部分配套的教学资源和技术支持,行业企业人员真正深度参与教材编写与开发。

(3)部分教材配备了丰富的教学资源(纸数融合),教材的知识点以二维码链接动画、视频资源,所有教材配有课件、习题及答案等,满足学生个性化学习的需求,提升教材使用体验感。

(4)在教材中融入了丰富的课程思政元素及党的二十大精神内容,选取国产汽车品牌进行详解,培养学生的国产品牌意识,增强民族自信,体现"培根铸魂,启智润心"教育目标,实现思想政治教育与技术技能培养的有机结合。

本书由湖南国防工业职业技术学院刘建林、谢凯主编，由湖南国防工业职业技术学院杨昕、娄底职业技术学院童鹏、湖南电子科技职业学院邓先奇担任副主编，参编人员有益阳职业技术学院曹凡、益阳职业技术学院赵瑞、湖南国防工业职业技术学院王晓钰、湖南交通职业技术学院张政。书中共有六个章节，第一章由曹凡、赵瑞共同完成，第二章和第六章由邓先奇、王晓钰共同完成，第三章和第四章、第五章由杨昕、童鹏和张政共同完成，刘建林、谢凯对全书进行了统稿和修订。

限于编者水平，书中难免有疏漏和错误之处，恳请广大读者提出宝贵建议，以便进一步修改和完善。

编　者

2023 年 8 月

>> 目录

智能网联汽车概述

知识目标

(1) 了解国外智能网联汽车的发展。

(2) 了解智能网联汽车的产业架构与关键技术。

(3) 了解智能网联汽车的体系架构。

技能目标

具备查阅资料与信息检索的能力。

素养目标

(1) 能够制订工作计划,独立完成工作学习任务。

(2) 具备团队合作和安全操作意识。

(3) 养成服从管理,规范作业的良好工作习惯。

第1节 智能网联汽车的发展及现状

智能化和网联化是未来汽车工业的发展趋势。通过智能化和网联化的发展,能够提高汽车的安全性,可以通过及时预警、合理的路径规划、主动控制来避免交通事故、降低能源消耗、减轻交通拥堵压力,满足消费者安全、节能、舒适等更多的功能需求。随着各项技术的进步、发展成熟以及消费者日益提升的需求,汽车的智能化和网联化势在必行。

一、智能网联汽车的定义及相关术语

智能网联汽车

(一)智能网联汽车的定义

智能网联汽车是指搭载先进的车载传感器、控制器、执行器等装置,并融合现代通信与

网络技术,实现车与X(车、路、人、云等)智能信息交换、共享,具备复杂环境感知智能决策、协同控制等功能,可实现"安全、高效、舒适、节能"行驶,并最终可实现替代人来操作的新一代汽车。

智能汽车是在汽车上增加雷达、摄像头等先进传感器、控制器、执行器等装置,通过车载环境感知系统和信息终端实现与车、路、人等的信息交换,使车辆具备智能环境感知能力,能够自动分析车辆行驶的安全及危险状态,并使车辆按照人的意愿到达目的地,最终实现替代人来操作的目的。智能汽车是智能交通的重要组成部分,智能汽车的初级阶段是具有先进驾驶辅助系统(ADAS)的汽车,终极目标是无人驾驶汽车。智能网联汽车、智能汽车、车联网之间的关系如图1-1所示。

图1-1　智能网联汽车关系图

(二)无人驾驶汽车

无人驾驶汽车是通过车载环境感知系统感知道路环境,自动规划和识别行车路线并控制车辆到达预定目标的智能汽车。它利用环境感知系统来感知车辆周围环境,并根据感知所获得的道路状况、车辆位置和障碍物信息等,控制车辆的行驶方向和速度,从而使车辆能够安全、可靠地行驶。无人驾驶汽车是传感器、计算机、人工智能、无线通信、导航定位、模式识别、机器视觉、智能控制等多种先进技术融合的综合体,是汽车智能化、网联化的终极发展目标。

(三)车联网(IOV)

车联网(IOV)是以车内网、车际网和车载移动互联网为基础,按照约定的体系架构及其通信协议和数据交互标准,实现V2X(V代表汽车,X代表车、路、行人及应用平台等)无线通信和信息交换,以实现智能化交通管理、智能动态信息服务和车辆智能化控制的一体化网络,是物联网技术在智能交通系统领域的延伸,如图1-2所示。

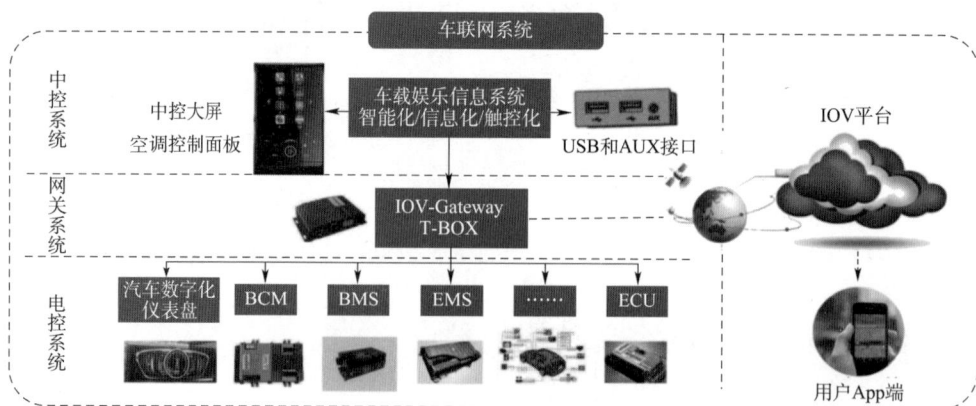

图1-2　物联网体系框架

IOV是智能交通系统与互联网技术发展的融合产物,是智能交通系统的重要组成部分,目前主要停留在导航系统、电话系统、娱乐系统、自检测系统等基础应用阶段,在信息安全和节能减排等方面的应用还有待开发。

(四)智能交通系统(ITS)

智能交通系统(ITS)是未来交通系统的发展方向,它是将先进的信息技术、计算机处理技术、数据通信技术、传感器技术、电子控制技术、运筹学、人工智能等有效地集成运用于整个地面交通管理系统而建立的一种在大范围内、全方位发挥作用的,实时、准确、高效的综合交通运输管理系统。ITS 的总体目标是使交通管理智能化,使道路用户出行更加便捷安全,使道路设施最大限度地发挥功能,使多种运输方式衔接更加紧密。

(五)其他智能网联汽车相关术语

智能网联汽车是 ITS 中的智能汽车与车联网(IOV)交集的产品。智能网联汽车是 IOV 的重要组成部分,也是 ITS 的核心组成部分。智能网联汽车是 IOV 的一个节点,通过车载信息终端实现与车、路、行人、应用平台之间的无线通信和信息交换。智能网联汽车的聚焦点在车上,发展重点是提高汽车安全性,其终极目标是无人驾驶汽车。

IOV 是智能网联汽车、智能汽车最重要的载体,只有充分利用互联技术才能保障智能网联汽车真正拥有充分的智能和互联。车联网的聚焦点是建立一个比较大的交通体系,发展重点是给汽车提供信息服务。由此可见,智能网联汽车与车联网应该并行推进,协同发展,最终相互融合,促进无人驾驶汽车的发展。

二、智能网联汽车的构成

智能网联汽车是以汽车为主体,利用环境感知技术实现车辆有序安全行驶,通过无线通信网络等手段为用户提供多样化信息服务。智能网联汽车由环境感知层、智能决策层以及控制执行层组成,如图 1-3 所示。

(一)环境感知层

环境感知层作为智能网联汽车各类功能实现的前提,其主要功能是通过车载环境感知技术(如视觉传感器、雷达、高精度定位与导航等)、车内网技术、4G/5G 及 V2X 无线通信技术等,实现对车内与车外(如道路、车辆和行人等)静、动态信息的提取和收集,并向智能决策层输送信息。

(二)智能决策层

智能决策层是智能网联汽车各项功能得以实现的核心,其主要功能是接收环境感知层的信息并进行分析、处理,决策自动驾驶行为。智能决策层可以根据识别到的道路、车辆、行人、交通标志和交通信号等,理解驾驶环境,决策分析和判断车辆需要采取的驾驶模式和将要执行的操作,并向车辆控制和执行层输送指令。

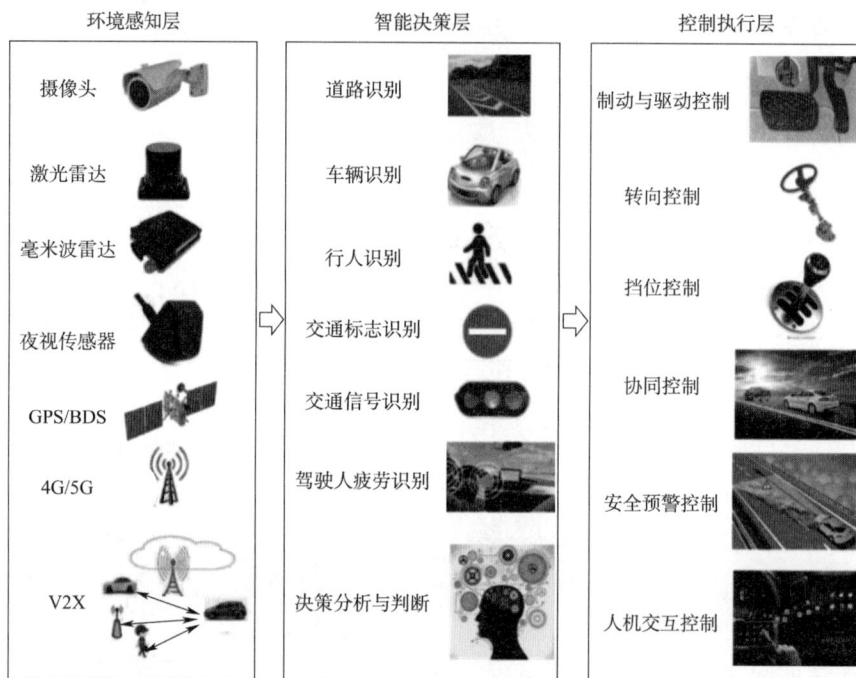

图 1-3　智能网联汽车的构成

(三) 控制执行层

控制执行层的主要功能是根据智能决策层的指令操作和控制车辆,并通过交互系统向驾乘人员提供道路交通信息、安全信息、娱乐信息、救援信息、商务办公、在线消费等信息与服务。

控制执行层主要依赖于车辆底盘线控(转向、制动、驱动等)和车身电子电器(车门、车灯、仪表等),用于实现车辆的自动控制以及智能网联系统与车内驾乘人员的交互。

三、智能网联汽车的功能

从功能角度上讲,智能网联汽车与普通汽车相比,主要增加了环境感知与定位系统、无线通信系统、车载网络系统和先进驾驶辅助系统(ADAS)等。

(一) 环境感知与定位系统

环境感知与定位系统的主要功能是通过各种传感技术和定位技术感知车辆本身状况和车辆周围状况,如图 1-4 所示。传感器主要包括车轮转速传感器、加速度传感器、微机械陀螺仪、转向盘转角传感器、超声波雷达、激光雷达、毫米波雷达、视觉传感器等,通过这些传感器,感知车辆行驶速度、行驶方向、运动姿态、道路交通情况等。定位技术主要使用 GPS 和中国北斗卫星导航系统。其中,GPS 是全球卫星导航系统的一种,可以提供高精度的位置信息。目前,GPS 已经成为智能网联汽车中最常用的定位技术之一。但是,GPS 在城市峡谷等特殊地形下会受到干扰,影响其精度。北斗卫星导航系统是我国自主研发的全球卫星导航系统,可以提供更加准确和可靠的位置信息。目前,北斗已经在我国境内得到了广泛应用,并且正在逐步向全球推广。

(二) 无线通信系统

无线通信系统的主要功能是各种数据和信息的传输,分为短距离无线通信技术和远距离无线通信技术,无线通信系统示例如图1-5所示。

图1-4 环境感知与定位系统

图1-5 无线通信系统

(1) 短距离无线通信技术为车辆安全系统提供实时响应保障,并为基于位置信息服务提供有效支持。用于智能网联汽车上的短距离无线通信技术还没有统一标准,处于起步阶段,但短距离无线通信技术在其他领域应用比较广泛,如蓝牙技术、ZigBee 技术、Wi-Fi技术、UWB 技术、60GHz 技术、IrDA 技术、RFID 技术、NFC 技术、专用短程通信技术等。

(2) 远距离无线通信技术用于提供即时的互联网接入,主要有移动通信技术、微波通信技术、卫星通信技术等,在智能网联汽车上,主要应用4G/5G 技术。

(三) 车载网络系统

车载网络系统依靠短距离无线通信技术实现 V2X 之间的通信,它在一定通信范围内可以实现车辆与车辆(V2V)、车辆与基础设施(V2I)、车辆与行人(V2P)之间相互交换各自的信息,并自动连接建立起一个移动的网络,如图1-6所示。典型应用包括车辆行驶安全预警、辅助驾驶、分布式交通信息发布以及基于通信的纵向车辆行驶控制等。

图1-6 车载网络系统

(四)先进驾驶辅助系统(ADAS)

ADAS 主要功能是提前感知车辆及其周围情况,发现危险及时预警,保障车辆安全行驶,是防止交通事故的新一代前沿技术,如图 1-7 所示。ADAS 是智能网联汽车的重要组成部分,也是无人驾驶汽车的关键技术。

ADAS 辅助演示

图 1-7 ADAS

四、智能网联汽车的技术分级

(一)美国自动驾驶分级

在国际上,美国汽车工程师学会(SAE)及美国高速公路安全管理局(NHTSA)分别对自动驾驶的等级做出划分,具体见表 1-1。

SAE 和 NHTSA 的汽车自动驾驶等级划分　　　　　　　　　　表 1-1

分级		名称	定义	主体			
SAE	NHTSA			转向和变速操作	监控驾驶环境	极端驾驶情况的应对	系统作用范围
L0	0	无自动化	驾驶人完成所有的驾驶操作,系统只起到警告和辅助的作用	驾驶人	驾驶人	驾驶人	无
L1	1	辅助驾驶	辅助系统完成转向或变速中的一项操作,其他所有驾驶操作由驾驶人完成	驾驶人和系统	驾驶人	驾驶人	部分
L2	2	部分自动化	辅助系统完成转向和变速两项操作,其他所有驾驶操作由驾驶人完成	系统	驾驶人	驾驶人	部分

续上表

分级		名称	定义	主体			
SAE	NHTSA			转向和变速操作	监控驾驶环境	极端驾驶情况的应对	系统作用范围
L3	3	有条件自动化	自动驾驶系统完成所有驾驶操作,需要驾驶人恰当应答系统的请求	系统	系统	驾驶人	部分
L4	4	高度自动化	自动驾驶系统完成所有驾驶操作,不一定需要驾驶人恰当应答系统的请求	系统	系统	系统	部分
L5		完全自动化	自动驾驶系统达到人类驾驶水平,可处理任何道路和环境的驾驶情况	系统	系统	系统	全部

(二)我国自动驾驶分级

2022 年 3 月 1 日,国标《汽车驾驶自动化分级》(GB/T 40429—2021)正式实施。根据该标准自动驾驶汽车将以 5 个要素为主要依据,被划分为 0 级(应急辅助)、1 级(部分驾驶辅助)、2 级(组合驾驶辅助)、3 级(有条件自动驾驶)、4 级(高度自动驾驶)、5 级(完全自动驾驶)共 6 个不同的等级,见表 1-2。和 SAE 分级标准相比,两者在整体分级思路和分级划分标准上大体一致,且都把汽车的自动化驾驶程度划分为 6 个不同的等级。对每一等级自动汽车驾驶的具体界定,两种标准也大体相同,仅在某些方面存在一些区别。

我国汽车驾驶自动化等级划分 表 1-2

分级	名称	持续的车辆横向和纵向运动控制	目标和事件探测与响应	动态驾驶任务后援	设计运行范围
0 级	应急辅助	驾驶人	驾驶人及系统	驾驶人	有限制
1 级	部分驾驶辅助	驾驶人及系统	驾驶人及系统	驾驶人	有限制
2 级	组合驾驶辅助	系统	驾驶人及系统	驾驶人	有限制
3 级	有条件自动驾驶	系统	系统	动态驾驶任务接管用户	有限制
4 级	高度自动驾驶	系统	系统	系统	有限制
5 级	完全自动驾驶	系统	系统	系统	有限制 *

注:* 排除商业和法规因素等限制。

五、智能网联汽车发展的主要阶段

智能网联汽车的发展大致分为先进驾驶辅助系统、网联式驾驶辅助、人机共驾和高度自动/无人驾驶四个发展阶段。目前,先进驾驶辅助系统已经开始大规模产业化,网联式驾驶辅助技术的应用已经进入大规模测试和产业化前期准备阶段,人机共驾技术和高度自动/无人驾驶技术还处于研发和小规模测试阶段。

(一)先进驾驶辅助系统阶段

先进驾驶辅助系统(ADAS)是指依靠车载传感系统进行环境感知,并对驾驶人进行驾驶操作辅助的系统(广义上也包括网联式驾驶辅助系统),如图1-8所示。ADAS目前已经得到大规模产业化发展,主要分为预警系统与控制系统两类。

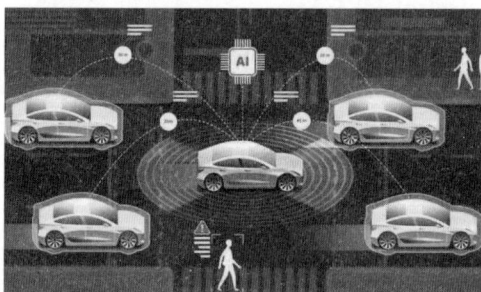

(二)网联式驾驶辅助系统阶段

网联式驾驶辅助系统是指依靠信息与通信技术对车辆周边环境进行感知,并可对周围车辆未来运动进行预测,进而对驾驶人进行驾驶操作辅助的系统,如图1-9所示。通过现代通信与网络技术,汽车、道路、行人等交通参与者都已经不再是孤岛,而是成了智能交通系统中的信息节点。

图1-8　ADAS环境感知区域示意图　　　　图1-9　网联式驾驶辅助系统

(三)人机共驾阶段

人机共驾是指驾驶人和智能系统分享车辆控制权,人机一体化协同完成驾驶任务,如图1-10所示。与一般的驾驶辅助系统相比,共驾型智能汽车由于人机同为控制实体,双方受控对象交联耦合,状态转移相互制约,具有双环并行的控制结构,因此要求系统具备更高的智能化水平。系统不仅可以识别驾驶人的意图,实现行车决策的步调一致,而且能够增强驾驶人的操纵能力,减轻其操作负荷。

(四)高度自动/无人驾驶阶段

处于高度自动/无人驾驶阶段的智能汽车如图1-11所示,驾驶人不需要介入车辆操作,车辆将会自动完成所有工况下的自动驾驶。其中高度自动驾驶阶段,车辆在遇到无法处理的驾驶工况时,会提示驾驶人是否接管,如驾驶人不接管,车辆会采取如靠边停车等保守处理模式,保证安全。在无人驾驶阶段,车辆中可能已没有驾驶人,无人驾驶系统需要处理所有驾驶工况,并保证安全。目前,以谷歌为代表的互联网技术公司,其发展思路是跨越人机共驾阶段,直接推广高度自动/无人驾驶系统,而传统汽车企业大多数还是按照渐进式发展路线逐级发展。

图1-10　人机共驾模式

图1-11　无人驾驶汽车

六、国外智能网联汽车的发展

国外在智能网联汽车方面的研究相对较早,比如美国、日本、德国等国家,它们对智能网联汽车的研究依托于智能交通系统的整体发展。总体来看,这些国家智能网联汽车的发展都受到本国政府的高度重视,相继出台了以车辆智能化、网联化为核心的发展战略。

(一)美国

美国自1991年开始着手建设智能交通系统(ITS),此后便开启了美国ITS的大规模研究,主要事件见表1-3。美国交通部于2011年10月开始主持研究、测试"网联汽车技术",经过几个月的研究和实践,肯定了网联汽车技术具有安全性的潜力优势。至此,美国正式拉开了网联汽车研究与应用部署的序幕。

美国智能网联汽车的发展历程　　　　　　　　　　　　　　　　　表1-3

时间	事件
1991年	美国交通部制定《陆上综合运输效率化法案》
1992年	美国交通部发布《ITS战略计划》
1995年	美国交通部发布《美国国家ITS项目规划》
1998年	美国交通部制定《面向21世纪的运输平衡法案》
1999年	美国国会批准《国家ITS五年项目计划》
2002年	美国交通部提出《国家ITS项目10年计划2002—2011》
2005年	美国交通部继《21世纪运输平等法案》(TEA-21)后,通过了SAFETEA-LU法案
2010年	美国交通部发布《ITS战略计划2010—2014》
2011年	主持研究和测试网联汽车技术
2012年	美国首张自动驾驶车辆测试许可证颁发

续上表

时间	事件
2017 年	美国众议院出台《自动驾驶法案》
2018 年	美国交通部发布《准备迎接未来交通：自动驾驶汽车 3.0》
2020 年	美国交通部发布《确保美国自动驾驶技术的领导地位：自动驾驶汽车 4.0》
2021 年	美国交通部发布《自动驾驶汽车综合计划》

2013 年，美国高速公路安全管理局（NHTSA）发布了《关于自动驾驶车辆政策的初步声明》，这是第一个关于自动驾驶汽车的政策，该政策明确了 NHTSA 在自动驾驶领域支持的研究方向，主要包含人为因素的研究、系统性能需求开发、电控系统安全性三个方面。

2014 年，美国交通部与互联网信息服务（IIS）联合项目办公室共同提出《ITS 战略计划 2015—2019》，提出了美国 ITS 未来五年的发展目标和方向。这是《ITS 战略计划 2010—2014》的升级版，美国 ITS 战略从单纯的汽车网联化升级为汽车网联化与智能化（自动化）的双重发展战略。2018 年 10 月 4 日，基于（而非替代）2017 版《自动驾驶系统 2.0：安全愿景》，美国交通部正式发布《准备迎接未来交通：自动驾驶汽车 3.0》，这是第一份涵盖地面交通系统多种运输模式自动化技术的综合性指导文件。

2020 年 1 月，美国最新发布的《确保美国自动驾驶技术的领导地位：自动驾驶汽车 4.0》，则聚焦于使监管政策跟上产业发展步伐，致力于推动企业创新，提升公众对自动驾驶车辆的认知与信任。具体来看，一是提出整合交通部、司法部等 38 个政府主管部门自动驾驶相关职能，以期更加高效协同推动智能网联汽车产业化；二是扩展并发布保持技术中立、强调网络安全、确保数据隐私和安全等在内的十大技术发展原则，涉及保护用户和公众、推动有效市场、促进协作三大方向；三是推崇"经过测试验证的自愿性、一致性标准"，废止汽车厂商对其自动驾驶车辆进行安全评估的强制性要求，改为自愿评价。

2021 年 1 月，美国交通部发布《自动驾驶汽车综合计划》（简称《综合计划》），是美国"自动驾驶 4.0"国家计划的延伸和落实，旨在确保其自动驾驶的全球领先地位，进一步明确了美国自动驾驶汽车产业发展的三大目标、五大优先领域及三类公共平台。

美国 ITS 联合项目办公室前在推进的项目中，多与网联化技术相关，主要有网联汽车的安全性应用研究、移动性应用研究、政策研究、网联汽车技术研究、网联汽车示范应用工程等多个维度。

（二）日本

日本的交通基础设施较好，拥有比较领先的 ITS，智能网联汽车技术水平稳步推进，日本在汽车智能化和网联化领域都做了研究。在智能化方面，日本从 1991 年开始支持先进安全汽车项目（ASV），五年为一期。2010—2015 年为 ASV 项目的第五期，主要的研究方向包括安全驾驶和驾驶人监控技术、基于车路协同通信的车辆驾驶辅助系统应用、先进安全技术的商业化应用与提高用户可接受程度、先进安全汽车与国际相关技术标准的协调与兼容性；在网联化方面，日本于 2005 年启动了车载信息系统和路侧系统的集成开发和试验。

日本警察厅于 2016 年 5 月颁布《自动驾驶汽车道路测试指南》,允许自动驾驶汽车上道路进行试验。日本的东京智能汽车保险已经明确,从 2017 年 4 月起,把自动驾驶期间的交通事故列入汽车保险的赔付对象,据悉这是日本国内首例以自动驾驶为对象的保险。

(三) 德国

欧盟于 2012 年颁布法规,要求所有商用车在 2013 年 11 月前安装紧急自动制动系统 (AEB)。自 2014 年起,在欧盟市场销售的所有新车都必须配备 AEB,没有该系统的车辆将很难获得欧洲新车评估程序五星级安全认证。沃尔沃的城市安全系统、本田的碰撞缓解制动系统(CMBS)和梅赛德斯-奔驰的预警安全系统(Pre-Safe)都属于这类系统。

数据显示,从 2010 年 1 月到 2017 年 7 月,全世界共有 5839 项与自动驾驶汽车相关的技术专利。在专利数量最多的十大公司中,六家是德国公司,三家是美国公司。德国的博世拥有 958 项专利,排名第一。

自德国加入《维也纳道路交通公约》要求驾驶人始终控制车辆以来,德国的自驾汽车道路试验已在海外开展。截至 2016 年 3 月,联合国修订并签署了《维也纳道路交通公约》,补充了第 8 条,允许"自动驾驶系统根据需要控制车辆,驾驶人可以随时接管"。在德国,只有德国汽车公司才能具备自动驾驶本土化测试条件。2017 年 5 月,德国通过联邦参议院决议,对《德国交通法案》进行修订,首次将自动驾驶汽车测试的相关法律纳入其中,这是德国首部关于自动驾驶的法律。2018 年,德国政府推出了《自动驾驶技术道德伦理准则》,该准则将会让自动驾驶车辆针对事故场景做出优先级的判断,并加入到系统的自我学习中,例如人类的安全始终优先于动物以及其他财产等。德国成为世界上首个实施此类措施的国家。

(四) 荷兰

2016 年 1 月,全球首辆自动驾驶摆渡车在荷兰上路,同年 7 月荷兰政府认可了其安全性,允许其作为道路交通工具使用。

(五) 瑞典

2016 年 3 月,瑞典有关自动驾驶公共道路测试规范初稿完成,进入政府审议和议会审议流程。2017 年 5 月 1 号该规范生效,适用于各个自动驾驶水平的车辆,包括半自动驾驶、高度自动驾驶以及完全自动驾驶车辆。

(六) 韩国

2016 年 11 月,韩国修订后的道路交通法规正式实施,修订后的新法规允许自动驾驶汽车在韩国范围内的公路上进行路试,目前已经有 8 辆自动驾驶汽车通过韩国交通部登记,获准在特定条件下上路测试。

(七) 新加坡

新加坡于 2014 年就发布了《新加坡自动驾驶车辆对策》,2017 年修订了《道路交通法》,

允许在公共道路上测试自动驾驶汽车,并单独建立一个部门专门协调自动驾驶车辆相关工作。

七、我国智能网联汽车的发展

相较于国外,我国在智能网联汽车领域的研究起步较晚,但是国家一直非常重视智能网联汽车的发展,并逐渐上升到国家战略层面。我国智能网联汽车的发展历程见表1-4。

我国智能网联汽车的发展历程 表1-4

时间	发展阶段	主要事件
1989—1999 年	小范围研发阶段	1.自动驾驶研发主要集中在少数高校。 2.一些整车企业开始与高校联合开展自动驾驶的研发工作
2000—2009 年	国家层面支持研发阶段	1.国家开始设立智能交通攻关立项,如推进"863计划"设立"智能交通系统关键技术开发和示范工程""现代交通技术领域"等。 2.更多高校与企业参与自动驾驶研发,如2003年国防科技大学与一汽集团完成红旗 CA7460 无人驾驶平台;2005年上海交通大学研发城市交通自动驾驶车辆的应用
2010—2015 年	车联网发展阶段	1.国家推动车联网技术发展,如"基于移动中心技术的车辆通信网络的研究""车路协同系统设计信息交互和集成验证研究""车联网应用技术研究"等国家级课题。 2.国内车联网技术创新着力大范围合作,如中国汽车工程学会主导成立车联网技术创新技术联盟等
2016—2017 年	智能网联概念发展阶段	国家出台智能网联汽车的一系列宏观政策,着力发展智能网联汽车,明确智能网联汽车将成为智能交通系统的重要组成部分
2018—2020 年	智能网联汽车发展阶段	国家发展和改革委员会发布了《智能汽车创新发展战略》计划。 工业和信息化部、公安部、交通运输部联合发布了《智能网联汽车管理规范(试行)》
2021 年	智能网联汽车道路测试发展阶段	工业和信息化部 公安部 交通运输部关于印发《智能网联汽车道路测试与示范应用管理规范(试行)》的通知
2022 年至今	智能网联汽车快速发展阶段	工业和信息化部发布《关于开展智能网联汽车准入和上路通行试点工作的通知》

2018 年 1 月,国家发展和改革委员会发布了《智能汽车创新发展战略》计划。根据该计划,到 2020 年,中国汽车市场新型智能汽车比例应达到 50%,中高端智能汽车以市场为导向,积极推进智能道路交通系统建设,大城市和公路车联网无线通信网络覆盖率约为 90%。2018 年 2 月 2 日,北京市经济和信息化局、交通委、公安局公安交通管理局联合印发《北京市

自动驾驶车辆道路测试能力评估内容与方法(试行)》,将自动驾驶车辆能力评估内容分成T1~T5级。其中,T2包含T1的评估内容,T3包含T2的评估内容,以此类推,T5为最高一级。等级越高,也就代表测试车辆的自动驾驶能力越强。

2018年5月,工业和信息化部、公安部、交通运输部联合发布了《智能网联汽车管理规范(试行)》,批准了全国20个智能网联汽车测试示范区。《智能网联汽车管理规范(试行)》是指导智能网联汽车测试的指导性文件,截至2021年,在北京、上海、重庆、无锡等地已建立了16个自动驾驶汽车试验场地。

2022年11月,国家发布《关于开展智能网联汽车准入和上路通行试点工作的通知》,遴选符合条件的道路机动车辆生产企业和具备量产条件的搭载自动驾驶功能的智能网联汽车,开展准入试点,明确试点工作的试点内容和试点主体申报条件及试点组织实施过程中的具体细则及责任划分。

第2节　智能网联汽车的产业架构与关键技术

智能网联汽车技术发展和应用是我国科技创新支撑加快建设交通强国的重要内容,从智能网联汽车的产业链结构来看,智能网联汽车产业上游行业有:感知系统制造业,包含摄像头制造业、雷达制造业和高精度地图与定位系统设计行业等;控制系统制造业,包含算法设计行业、芯片制造业和操作系统供应业等;通信系统制造业,包含电子电器架构制造业和云平台设计行业。产业链中游行业有执行系统制造业和整车制造行业,执行系统行业中包含了ADAS、智能中控和语音交互等的设计和制造行业。产业链下游主要为开发测试和运营的行业,包含有开发测试业、出行服务业和物流服务业等。

一、智能网联汽车的产业架构

(一)智能网联汽车的体系架构

智能网联汽车集中运用了汽车工程、人工智能、计算机、微电子、自动控制、通信与平台等技术,是一个集环境感知、规划决策、控制执行、信息交互等于一体的高新技术综合体,拥有相互依存的价值链、技术链和产业链体系。

1. 智能网联汽车的价值链

智能网联汽车在提高行车安全、减轻驾驶人负担方面具有重要作用,并有助于节能环保和提高交通效率。研究表明,在智能网联汽车的初级阶段,通过先进驾驶辅助技术有助于交通事故减少30%左右,交通效率提升10%左右,油耗与排放分别降低5%左右。进入智能网联汽车的终极阶段,即完全自动驾驶阶段,甚至可以完全避免交通事故,提升交通效率30%

以上,并最终把人从枯燥的驾驶任务中解放出来,这也是智能网联汽车最吸引人的魅力所在。

2. 智能网联汽车的技术链

从技术发展路径来说,智能网联汽车分为三个发展方向:网联式智能汽车(CV)、自主式智能汽车(AV)及前两者的融合,即智能网联汽车(CAV 或 ICV)。

智能网联汽车融合了自主式智能汽车与网联式智能汽车的技术优势,涉及汽车、信息通信、交通等诸多领域,其技术架构较为复杂,可划分为"三横两纵"式技术架构,如图 1-12 所示。"三横"是指智能网联汽车主要涉及的车辆、信息交互与基础支撑 3 个领域技术;"两纵"是指支撑智能网联汽车发展的车载平台以及基础设施条件。

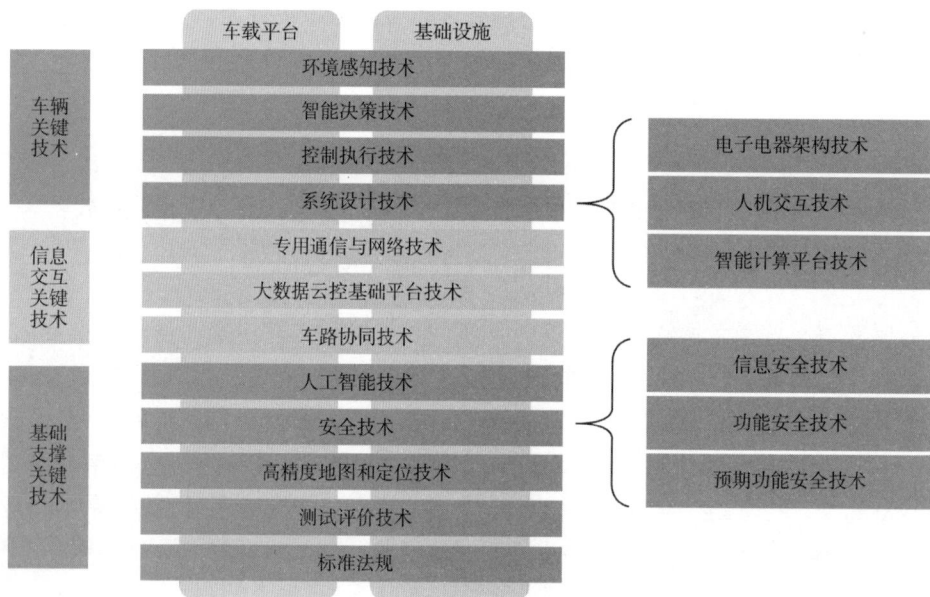

图 1-12 智能网联汽车技术架构

ICV 的"三横"架构涉及的 3 个领域的关键技术可以细分为以下 9 种。

(1)环境感知技术:包括利用机器视觉的图像识别技术,利用雷达(激光雷达、毫米波雷达、超声波雷达)的周边障碍物检测技术,多源信息融合技术,传感器冗余设计技术等。

(2)智能决策技术:包括危险事态建模技术,危险预警与控制优先级划分,群体决策和协同技术,局部轨迹规划,驾驶人多样性影响分析等。

(3)控制执行技术:包括面向驱动/制动的纵向运动控制,面向转向的横向运动控制,基于驱动、制动、转向、悬架的底盘一体化控制,融合车联网(V2X)通信及车载传感器的多车队列协同和车路协同控制等。

(4)V2X 通信技术:包括车辆专用通信系统,实现车间信息共享与协同控制的通信保障机制,移动自组织网络技术,多模式通信融合技术等。

(5)云平台与大数据技术:包括智能网联汽车云平台架构与数据交互标准,云操作系统,数据高效存储和检索技术,大数据的关联分析和深度挖掘技术等。

（6）信息安全技术：包括汽车信息安全建模技术，数据存储、传输与应用三维度安全体系，汽车信息安全测试方法，信息安全漏洞应急响应机制等。

（7）高精度地图与定位技术：包括高精度地图数据模型与采集式样、交换格式和物理存储的标准化技术，基于北斗地基增强的高精度定位技术，多源辅助定位技术等。

（8）标准法规：包括智能网联汽车整体标准体系以及涉及汽车、交通、通信等各领域的关键技术标准。

（9）测试评价：包括智能网联汽车测试评价方法与测试环境建设。

3. 智能网联汽车的产业链

智能网联汽车的产品体系可分为传感系统、决策系统、执行系统三个层次，分别可类比人类的感知器官、大脑以及手脚，如图 1-13 所示。

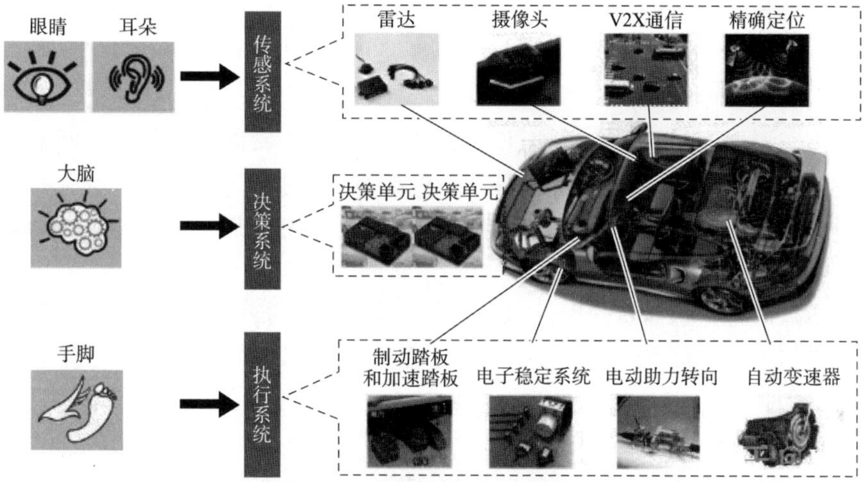

图 1-13　智能网联汽车的产品体系

智能网联汽车的产业链涉及汽车、电子、通信、互联网、交通等多个领域。

1）智能网联汽车产业链形态

（1）芯片/计算平台供应商，开发和供应智能网联汽车感知、决策、控制所需的芯片和计算平台，支撑智能网联汽车语音识别、图像识别、不同等级自动驾驶等算法的硬件资源，如提供 CPU、GPU、ASIC 等。

（2）先进的传感器供应商，开发和供应智能网联汽车先进的传感器，主要包括视觉传感器（单目摄像头、双目摄像头）、雷达（激光、毫米波、超声波雷达）、地图与定位传感器（高精度地图、位置数据）等。

（3）车载操作系统供应商，管理和控制车载硬件与车载软件资源的底层程序系统，包括提供 Linux、Android、QNX、IOS 等。

（4）通信设备供应商，开发和供应车载移动互联设备、车载短程通信设备等，包括提供 4G/5G 通信模块、V2V 短程通信模块等。

（5）信息安全方案供应商，提供覆盖车联网（端-管-云）和车辆（车载终端-车载网关-车内网络-车载控制器）纵深防御的信息安全解决方案，可实现关键信息和一般信息的分域隔离。

（6）系统集成供应商，能够提供智能网联汽车自动驾驶技术研发和集成、车载信息系统技术研发和集成的软硬件供应企业，包括提供自动紧急制动系统、自适应巡航系统、底盘控制系统、车载信息系统等。

（7）整车企业，包括传统车企和新兴车企设计智能网联汽车体系架构，确定产品需求构建智能汽车开发平台，开放车辆信息接口，进行系统集成、匹配及测试，其中新兴车企以新能源整车开发为主。

（8）车联网服务提供商，主要提供通信运营服务、车载平台运营服务以及娱乐资讯服务等。

（9）出行服务提供商，主要提供共享出行服务。

2）智能网联汽车产业链特征

（1）传统车企争先发布智能网联汽车发展规划，加快智能化、网联化转型与布局。宝马、丰田、沃尔沃、通用等传统车企为了维护其在传统汽车制造业产业链中的核心地位，相继发布智能网联汽车发展规划，明确 PA 级、CA 级、HA 级及以上智能化车辆的时间节点，同时设立专门研发中心加大感知、决策和控制等技术的研发资金投入，与 Tier 1 供应商、互联网科技企业、初创公司、通信设备商和运营商、高校及科研机构等开展多方合作，推动智能网联汽车技术研发及产业化应用。

我国自主品牌车企也紧随其后，例如，一汽发布"挚途"技术战略，明确了智能网联汽车发展的各阶段目标，长安汽车也制定了智能网联汽车技术发展规划，明确搭建 6 大平台，掌握 5 大核心应用技术，分 4 个阶段实现智能化技术的产业化。其中，6 大平台是指通过搭建电子电器平台、软件平台、测试环境平台、标准法规平台、中央决策平台和环境感知及执行平台，实现智能网联汽车硬件、软件等基础架构和控制、安全等方面设计开发。5 大核心应用技术是指未来长安将拥有自动泊车技术、自适应巡航技术、智能互联技术、V2X 技术和 HMI 交互技术。4 个阶段是指按 4 个阶段分步实施推进智能网联战略落地。其中，2015 年底完成第一阶段具备驾驶辅助技术的产品量产上市；2018 年完成第二阶段半自动驾驶技术开发及产业化；2020 年实现第三阶段高度自动驾驶技术的应用，完成样车测试工作和示范运行；2025 年力争突破第四阶段无人驾驶关键技术，实现产业化应用。

（2）互联网公司/初创企业利用智能算法/芯片等优势加快智能网联汽车的布局，成为智能网联汽车产业链重构的重要参与者。

随着物联网、云计算、大数据、移动互联网等新一代信息技术与传统汽车融合步伐的加快，互联网企业以及具有信息技术背景的初创企业开始借助智能算法、智能芯片等新技术、新模式对汽车进行颠覆性改造与革新，它们在高度智能化数据分析和决策软硬件能力方面具有较大优势，并将目光聚焦在智能网联汽车车载感知、决策关键核心技术研发及整体解决方案上，谷歌、苹果、微软等国际互联网巨头以及中国三大互联网巨头百度、阿里巴巴、腾讯（BAT）已着手布局智能网联汽车传感器、计算平台、自动驾驶系统、高精度地图等核心领域，Drive. ai、OTTO、景驰科技、地平线机器人、蔚来汽车、驭势、智行者等一批国内外初创企业也积极入局，它们已成为智能网联汽车发展的重要参与者和推动者。

（3）传统汽车零部件巨头立足自身汽车电子技术优势，不断完善智能网联汽车感知、决策、控制的战略布局。

博世、大陆、电装、德尔福等企业被称为传统零部件供应商，随着智能网联汽车技术的快速发展，它们各自在智能网联汽车自动驾驶软硬件技术解决方案领域进行雄厚的技术储备和战略布局。

（4）产业链跨界合作进入深度整合期，各方合纵连横、优势互补，寻求在智能网联汽车产业链上的主导地位。

智能网联汽车是一个集环境感知、规划决策、执行控制等功能于一体的综合系统，其高级形式的高度自动驾驶/无人驾驶更是人工智能的重要应用场景，产业链构成错综复杂，传统车企有强大的硬件制造能力及辅助驾驶系统应用经验，零部件供应商有强大的整车系统集成能力，出行服务商有流量和数据，互联网科技巨头在算法、芯片等方面技术领先。为了能在智能网联汽车产业链上占据主导地位，各方跨界合作动作频频，整个智能网联汽车产业链正进入深度整合期。

（二）智能网联汽车的产业状态

随着数字经济加速融入，智能网联汽车已成为汽车产业创新发展的重要方向。工业和信息化部数据显示，2022年上半年，具备组合驾驶辅助功能的乘用车销量达288万辆，渗透率升至32.4%，同比增长46.2%；17个测试示范区、16个"双智"试点城市完成超过3500km道路智能化升级改造，装配路侧网联设备4000余台。

车路协同作为智能网联汽车最主要的技术路线之一，车路云一体化建设近年来受到广泛关注。在江苏无锡，中国移动主导建设了国家级车联网先导区，目前已经实现400个路口的车路协同改造，部署自主研发云控平台，实现近100个车路协同场景面向行业及民众出行提供服务。同时，项目成果在上海、武汉、南京等多个城市复制应用。

在北京市高级别自动驾驶示范区，329个智能网联标准路口、双向750km城市道路以及10km高速公路已完成车路云一体化功能覆盖，网联云控系统实现多路数据融合，支持车网融合的超高速无线通信专网铺设60km²，分米级高精度动态地图平台搭建完毕。

车路协同技术使车辆每万公里碰撞风险降低23%，路侧信息参与关键决策率达37%，交通信控优化令车辆排队长度下降30%。经过两年培育，示范区已引进百度、小马智行等车路云网图相关企业40多家，并与清华大学、北京人工智能研究院、国创中心等高校、科研机构和平台企业，在示范区深入开展新技术的研究应用工作。

经过多年实践，百度在车路协同领域探索出一条"智能单车＋网联赋能"的发展路线。在产学研政合作模式支持下，百度已经在示范区完成了C4级智慧道路路侧解决方案。例如，百度地图会结合前方路口红绿灯的灯色和倒计时，根据用户车速、位置，实时推荐最佳车速，保证抵达路口时正好绿灯亮起。用户按照绿波车速驾驶，就能够以不停车方式经过前方路口，不仅可以减少等待红灯次数，节约通行时间，也可减少等待红灯带来的能源消耗。

当前，汽车行业正加快向电动化、智能化、网联化方向发展，网络安全、数据安全、产业安全等各类安全风险也在不断向车联网领域渗透。目前，针对网络安全的监管机制以及全流程网络安全技术研发体系尚未形成,网络和数据安全责任划分也不明确。

目前,L2(部分自动化)及以上级别自动驾驶功能在乘用车市场渗透率到2025年有望达到60%。自动驾驶出租车、无人巴士、自主代客泊车、干线物流以及无人配送等多场景示范应用有序开展。

百度推出的自动驾驶出行服务,目前已经覆盖北京、上海、广州、深圳等12座城市,订单量累计超过100万。L3级(有条件自动化)自动驾驶具有人机共驾特征,发生事故时难以界定责任方。因此,继L2级之后率先进入商用的很有可能是L4级(高度自动化)自动驾驶,将为更广泛用户提供出行服务。

以新势力车企、传统车企为代表的整车企业纷纷采用渐进式技术路线逐步推动高级辅助驾驶在高速公路和城市场景应用,而自动驾驶公司企业则多以跨越式技术路线,打造高级辅助驾驶方案为车企赋能。

我国主机厂、自动驾驶企业已经在 Robotaxi、Robobus、物流、矿山、环卫、通勤等场景下开展了多样化测试与示范应用,探索商业化路径。目前,广州、长沙、上海、武汉、北京、深圳、重庆等地开展了自动驾驶载人、载物测试,为各类场景的示范运行乃至商业化试运营提供了政策环境。新冠疫情时,无人配送、无人消杀等自动驾驶车辆对紧缺的人力、运力进行了有效补充。

以国家智能网联汽车创新中心为代表的一批智能网联汽车产业创新基地和创新平台相继成立,从原始创新、技术成果转化与产业应用的全技术产业链生态正逐步形成。计算基础平台方面,以国汽智控(北京)为代表,形成汇聚芯片厂商、软硬件企业、主机厂的新型产业生态;云控基础平台方面,在北京冬奥会场馆、上海嘉定等地开展了示范应用,实现城市级车路云一体化落地应用;高精度动态地图基础平台方面,在北京首钢园区、亦庄等地实现高精度地图与定位服务建设,基础地图服务平台实现迭代开发。

二、智能网联汽车的关键技术

(一)智能网联汽车的关键技术状况

智能网联汽车在传统汽车技术基础上融合大量信息感知、智能决策、车辆自动控制、网络通信等新技术。在诸多的新技术中,新型电子电器信息架构、多类别传感器融合感知、新型智能终端、车载智能计算平台、车用无线通信网络、高精度地图与定位、云控基础平台等七大共性关键技术的突破直接决定了我国智能网联汽车产业的整体发展水平。

1. 环境感知技术

环境感知系统的任务是利用摄像头、毫米波雷达、激光雷达、超声波雷达等主要车载传感器以及 V2X 通信系统感知周围环境,通过提取路况信息、检测障碍物,为智能网联汽车提供决策依据。

由于车辆行驶环境复杂,当前感知技术在检测与识别精度方面无法满足自动驾驶发展需要,深度学习方法被证明在复杂环境感知方面有巨大优势,许多学者采用深度学习方法对行人、自行车等传统算法识别较为困难的目标物的识别方法进行了研究。

在传感器领域，激光雷达由于具有分辨率高的优势，已经成为越来越多自动驾驶车辆的标配传感器，低成本小型化的固态激光雷达成为研发热点。此外，针对单一传感器感知能力有限，目前涌现了不同车载传感器融合的方案，用以获取丰富的周边环境信息，具有优良的环境适应能力。

高精度地图与定位技术也是车辆重要的环境信息来源。目前，我国几大图商都在积极推进建设面向自动驾驶的高精度地图。基于北斗地基增强系统的高精度定位系统已在我国开展应用，为自动驾驶车辆提供低成本、广覆盖的高精度定位方案。

针对复杂行驶环境下行人及骑车人的有效识别，清华大学研究团队建立了基于车载图像的行人及骑车人联合识别方法，其架构如图 1-14 所示。

图 1-14　行人及骑车人联合识别架构

行人及骑车人的联合识别架构主要包括图像输入、目标候选区域选择、目标检测、多目标跟踪及结果输出等功能模块。

（1）目标候选区域选择模块的作用是从输入图像中选出可能包含待检测目标的区域，该过程要在尽量少地选择背景区域的前提下，保证较高的目标召回率。

（2）目标检测模块的主要作用是在保证尽量少误检和漏检的同时，将这些候选区域正确分类为待检测目标与背景，并进一步优化目标定位。该模块基于快速区域卷积神经网络目标检测框架，使用综合考虑案例提取、多层特征融合、多目标候选区域输入等多种改进方法的网络结构模型，可以将输入目标候选区域对应的行人、骑车人及背景清楚区分，并实现检测目标定位的回归优化。

（3）多目标跟踪模块的作用是综合连续时间内的目标检测结果，先借助 P-N 专家在线学习方法，实现单个跟踪目标的在线学习与检测，再在粒子滤波目标跟踪方法的基础上，融合离线检测器及在线检测器的检测结果，实现多类型目标的长时间稳定跟踪。

2. 智能决策技术

决策系统的任务是根据全局行车目标、自车状态及环境信息等，决定采用的驾驶行为及动作的时机。决策机制应在保证安全的前提下适应尽可能多的工况，进行舒适、节能、高效的正确决策。常用的决策方法包括状态机、决策树、深度学习、增强学习等。

（1）状态机是一种简便的决策方法，其用有向图表示决策机制。

（2）决策树是一种简单但是广泛使用的分类器，从根到叶子节点实现分类，每个非叶子节点为一个属性上的测试，边为测试的结果。决策树具有可读的结构，同时可以通过样本数据的训练来建立，但是有过拟合的倾向，需要广泛的数据训练。在部分工况的自动驾驶上应用,效果与状态机类似。

(3)深度学习与增强学习是热门的机器学习方法。在处理自动驾驶决策方面,它能通过大量的学习实现对复杂工况的决策,并能进行在线的学习优化,但是其综合性能不易评价,对未知工况的性能也不易明确。深度学习由于需要较多的计算资源,一般是计算机与互联网领域研究自动驾驶采用的热门技术。

3.控制执行技术

控制系统的任务是控制车辆的速度与行驶方向,使其跟踪规划的速度曲线与路径。现有自动驾驶汽车多数针对常规工况,因而较多采用传统的控制方法,如比例—积分—微分(PID)控制、滑模控制、模糊控制、模型预测控制、自适应控制、鲁棒控制等。这些控制方法性能可靠、计算效率高,已在主动安全系统中得到应用。

对于现有的控制器,工况适应性是一个难点,可行的方法是:根据工况参数进行控制器参数的适应性设计,如根据车速规划与参考路径曲率调整控制器参数,可灵活地调整不同工况下的性能。

线控执行机构是实现车辆自动控制的关键所在。国内目前对制动、转向系统关键技术已有一定研发基础,但是相比博世、德尔福等国外大型企业,在控制稳定性、产品一致性和市场规模方面仍有一定差距。国内主要的控制执行技术主要有以下几种。

(1)多目标协同式自适应巡航控制自适应巡航控制系统中,同时具备自动跟车行驶、低燃油消耗和符合驾驶人特性三类功能,对于全面提升行车安全性、改善车辆燃油经济性、减轻驾驶疲劳强度具有重要的意义。目前的研究多针对单一功能的实现,未考虑三者之间的制约关系以及车辆建模的不确定性和驾驶人行为的非线性,这导致现有的线性最优控制方法难以解决三类功能之间的矛盾性。针对此问题,清华大学课题组的研究首次提出并建立了车辆多目标协同式自适应巡航控制(MOCACC)系统,其控制架构如图1-15所示。

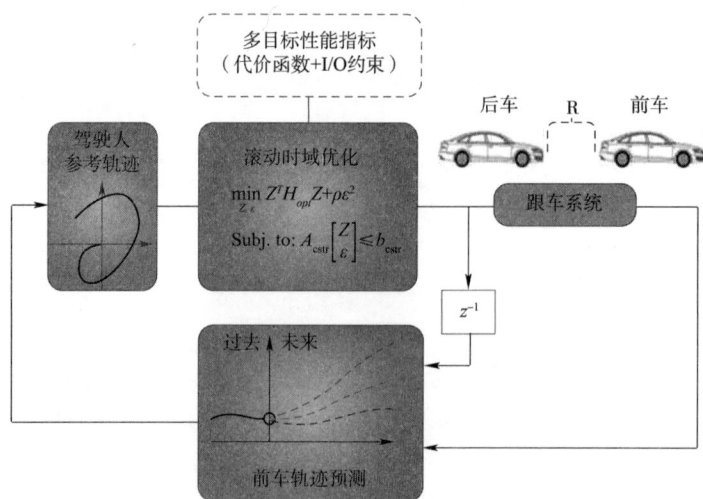

图1-15　MOCACC控制架构

仿真与实车实验结果表明,所开发的多目标协调式自适应巡航控制系统,在保障跟踪性能的前提下可有效降低车辆油耗,且符合期望车距、动态跟车和乘坐舒适性等多类驾驶人特性。

(2)多车队列协同式控制。车辆队列化是将单一车道内的相邻车辆进行编队,根据相邻车辆信息自动调整该车辆的纵向运动状态,最终达到一致的行驶速度和期望的构型。一种行之有效的方法是多智能体系统(MAS)方法。在控制领域中,多智能体系统是由多个具有独立自主能力的智能体,通过一定的信息拓扑结构相互作用而形成的一种动态系统。用多智能体系统方法来研究车辆队列的一种框架是"四元素"模型,如图 1-16 所示。

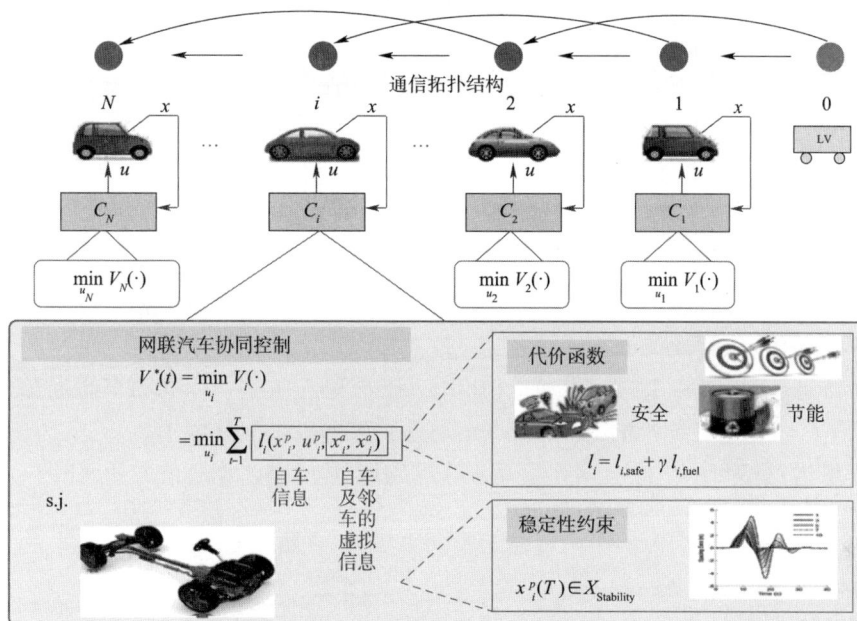

图 1-16 车辆队列的"四元素"模型

车辆队列可以显著降低油耗、改善交通效率以及提高行车安全性。清华大学设计了一类适用于中长距和中速工况需求,对车辆位置控制的精度要求低(车距误差 ±5m 即可),而且整体节能效果不低于 10% 的周期型节能控制方案。控制策略又称加速—滑行式策略(PNG),首先提升发动机负荷至最佳工作点,使车辆加速至较高速度,然后将发动机置于怠速状态,让车辆滑行至原速度;周期重复这一过程,利用车身实现动能的存储与释放,达到节能效果。对于车辆队列而言,周期驾驶实现了车辆动力系特性与车辆运动状态的最佳动态匹配。

4. 人机共驾技术

控制层的控制互补是目前人机共驾领域的核心关注点。人机共驾、人机并行控制,双方操控输入具有冗余和博弈特征。另一方面,由于驾驶人行为特性(如决策意图和操控发力等)的研究不足以及周车环境信息的缺失,传统动力学安全控制系统无法扩展至更广区域。因此,在传统主动安全系统中融入驾驶决策识别及周车轨迹预测信息,构建包含动力学稳定性风险和运动学碰撞性风险的双重安全包络控制系统,是提高人机共驾行驶稳定性和主动安全性的核心。因此,控制层的人机共驾技术按照系统功能,可以分为共享型控制和包络型控制两种。

（1）共享型控制是指人机同时在线,驾驶人与智能系统的控制权随场景转移,人机控制并行存在。主要解决因控制冗余造成的人机冲突,以及控制权分配不合理引起的负荷加重等问题。

（2）包络型控制是指通过获取状态空间的安全区域和边界条件形成控制包络,进而对行车安全进行监管,当其判定可能发生风险时进行干预,从而保证动力学稳定性和避免碰撞事故。

德国亚琛工业大学学者,模仿人机共驾过程,提出了"松、紧"两种共驾模式,探讨了控制权随场景转移的分配机制。美国斯坦福大学学者,提出构造稳定性安全区域和碰撞性安全区域,研究了共驾汽车临界危险的预防和干预机制。中国的清华大学、吉林大学等高校与一汽等企业合作,开展了共享控制型的人机共驾研究。人机共驾交互体系是现阶段自动驾驶车辆安全运行的关键因素,其提供了人(自然驾驶人)与机器(自动驾驶系统)之间交换驾驶信息和操作的交互方式,其设计方式使得自动驾驶行为更为清晰、直观。

5. 通信与平台技术

车载通信的模式,依据通信的覆盖范围可分为车内通信、车际通信和广域通信。

（1）车内通信,从蓝牙技术发展到 Wi-Fi 技术和以太网通信技术。

（2）车际通信,包括专用的短程通信(DSRC)技术和正在建立标准的车间通信长期演进技术(LTE-V),LTE-V 是 5G 通信技术在汽车通信领域的一个演化版本。

（3）广域通信指目前广泛应用在移动互联网领域的 4G、5G 等通信方式,如图 1-17 所示。

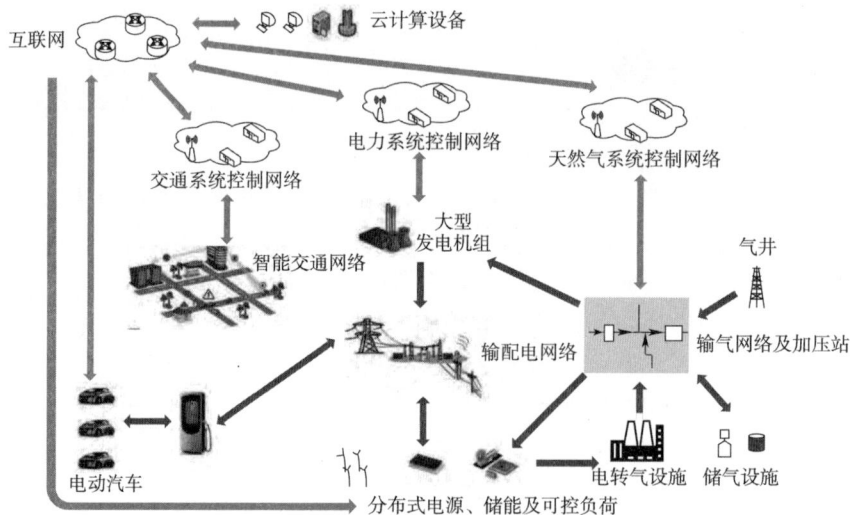

图 1-17　广域通信

通过网联无线通信技术,车载通信系统将更有效地获得驾驶人信息、行车的姿态信息和汽车周边的环境数据,进行整合与分析。

国外在车联网平台的技术标准化方面比较完善,典型的平台架构是由宝马汽车公司牵头联合 Connexis、Wireless-Car 共同开发而成的车联网平台体系框架及开放的技术标准协议

（NGTP），即下一代车联网架构，为车联网平台的发展应用提供了更大的灵活性及可扩展性。我国企业基本都是自建服务平台，各平台间数据之间无法互联互通，信息安全管理模式也存在问题。交通运输部针对营运车辆推出的联网联控平台已经实现了全国性重点营运车辆的大规模接入，但没有涉及规模最大的乘用车领域。

通信与平台技术的应用，极大地提高了车辆对于交通与环境的感知范围，也为基于云控平台的汽车节能技术的研发提供了支撑条件。基于云控平台的汽车节能驾驶系统框架，车辆通过车与云平台的通信将其位置信息及运动信息发送至云端，云端控制器结合道路信息（如坡度、曲率等）以及交通信息（如交通流、交通信号灯等）对车辆速度和挡位等进行优化，以提高车辆燃油经济性，并提高交通效率。

6. 信息安全技术

目前，国际上已经有 ISO 26262 等汽车信息安全相关标准，美国也已形成 SAE J3061/IEEE 1609.2 等系列标准，欧洲 EVITA 研究项目也提供了相关汽车信息安全指南。2021 年 8 月 31 日，国际标准化组织（ISO）正式发布了 ISO/SAE 21434 Road Vehicles—Cybersecurity Engineering（道路车辆信息安全工程），标准主要规定了道路车辆电子电气系统及其组件和接口在概念、开发、生产、运行、维护和销毁阶段工程相关的信息安全风险管理要求，标准主要侧重于汽车信息安全流程，并未规定与信息安全相关的具体技术或解决方案。作为当前汽车信息安全领域最重要的国际标准之一，其发布为汽车全生命周期的信息安全过程管理及信息安全管理体系建设提供有力支撑。

该项目自 2016 年 1 月 30 日启动至今，由德国、美国、日本、中国等数十个国家的代表历时 5 年共同完成，由中国汽车技术研究中心有限公司组织华为技术有限公司、东软集团股份有限公司、北京奇虎科技有限公司、广州汽车集团股份有限公司、上海机动车检测认证技术研究中心有限公司、国汽（北京）智能网联汽车研究院有限公司、泛亚汽车技术中心等中国专家全程深度参与，累计提交百余项提案和建议，近半数被采纳。与此同时，由中汽中心牵头组织行业专家正在推进将国际标准 ISO/SAE 21434 Road Vehicles—Cybersecurity Engineering 转化为推荐性国家标准《道路车辆信息安全工程》。

作为 ISO/SAE 21434 的配套实施细则，ISO PAS 5112 Road Vehicles—Guidelines for Auditing Cybersecurity Engineering《道路车辆信息安全工程审核指南》，也由中国代表作为联合组长，组织国内外行业专家围绕"审计问卷"等重点章节开展研讨与编制。后续，ISO 道路车辆技术委员会/车辆电气、电子部件及通用系统分技术委员会/信息安全工作组（TC22/SC32/WG11）将开展 ISO/SAE PWI 8475 Road Vehicles—Cybersecurity Assurance Levels（CAL）and Target Attack Feasibility（TAF）以及 ISO/PWI 8477 Road Vehicles—Cybersecurity Verification and Validation 项目的预研工作。

当前，全球汽车信息安全产业蓬勃发展，标准法规陆续完善，在工业和信息化部等主管部门的指导下，汽标委智能网联汽车分标委围绕 UN WP.29 及 ISO 两大基本点，依托汽车信息安全标准工作组，采用"管理标准国际同步转化、技术标准国内率先制定、双轨并行协同开展"的工作方式，积极组建国际对口专家队伍，跟踪意见决议，开展对比分析，研究参与策略，优化工作方法。

目前,结合中国智能网联汽车实际而言,确定网联数据管理对象并实行分级管理,建立数据存储安全、传输安全、应用安全三维度的数据安全体系是重中之重。建立包括云安全(实现数据加密、数据混淆、数据脱敏、数据审计等技术的应用)、管安全(基于IEEE 802.11p/IEEE1609.2,实现通信加密体系、身份认证体系、证书体系、防重放、防篡改、防伪造等技术应用)、端安全(实现车载安全网关、安全监测监控系统、车载防火墙、车载入侵检测技术的应用)在内的"云—管—端"数据安全技术框架,制订中国智能网联数据安全技术标准。

围绕信息安全技术领域的周边行业,也成就了很多创新研究方向。尤其在信息安全测试评估方面,众多科研机构和创业公司通过干扰车辆的通信设备以及毫米波雷达、激光雷达和摄像头等车载传感设备,进行智能车的信息安全的攻防研究。

(二)汽车智能化与网联化未来发展趋势

1. 以深度学习为代表的AI技术快速发展和应用

以深度学习方法为代表的人工智能(AI)技术在智能网联汽车上正在得到快速应用。尤其在环境感知领域,深度学习方法已凸显出巨大的优势,正在以惊人的速度替代传统机器学习方法。

深度学习方法需要大量的数据作为学习的样本库,对数据采集和存储提出了较高需求;同时,深度学习方法还存在内在机理不清晰、边界条件不确定等缺点,需要与其他传统方法融合使用以确保可靠性。目前,该方法也受到车载芯片处理能力的限制。

2. 激光雷达等先进传感器加速向低成本、小型化发展

激光雷达相对于毫米波雷达等其他传感器具有分辨率高、识别效果好等优点,已越来越成为主流的自动驾驶车用传感器;但其体积大、成本高,同时也更易受雨雪等天气条件影响,现阶段难以大规模商业化应用。

目前,激光雷达正在向着低成本、小型化的固态扫描或机械固态混合扫描形式发展,纯固态激光雷达的接收模块和扫描模块都没有机械运动,主要依靠电子部件控制激光发射角度,技术最为先进,但短期内应用难度最大,目前主要有光学相控阵(OPA)和闪光(FLASH)两种方案。

3. 自主式智能与网联式智能技术加速融合

网联式系统能从时间和空间维度突破自主式系统对于车辆周边环境的感知能力。

(1)在时间维度,通过V2X通信系统能够提前获知周边车辆的操作信息、红绿灯等交通控制系统信息以及气象条件,拥堵预测等更长期的未来状态信息。

(2)在空间维度,通过V2X通信系统能够感知交叉路口盲区、弯道盲区、车辆遮挡盲区等位置的环境信息,从而帮助自动驾驶系统更全面地掌握周边交通态势。

网联式智能技术与自主式智能技术相辅相成,互为补充,正在加速融合发展。

4. 高速公路与低速区域自动驾驶系统将率先应用

高速公路与城市低速区域将是自动驾驶系统率先应用的两个场景。

高速公路的车道线、标示牌等结构化特征清晰,交通环境相对简单,适合车道偏离报警

（LDW）、车道保持系统（LKS）、自动紧急制动（AEB）、自适应巡航控制（ACC）等驾驶辅助系统的应用。

而在特定的城市低速区域内，可提前设置好高精度定位、V2X 等支撑系统，采集好高精度地图，利于实现在特定区域内的自动驾驶，如自动物流运输车、景区自动摆渡车、园区自动通勤车等。

5. 自动驾驶汽车测试评价方法研究与测试场建设成为热点

随着技术的发展，自动驾驶汽车的安全性越来越多地受到关注，关于自动驾驶汽车测试评价方法的研究以及测试场、示范区的建设成为全球热点。

如何测试自动驾驶汽车，一种潜在的解决方案是引入"普通人类驾驶人"的抽象概念并建立安全基线——一系列定性、定量的关键功能、性能指标，表征自动驾驶系统驾驶汽车的安全程度。如果把自动驾驶系统看作一个驾驶人，对其的考核也可以类比驾驶人的考核过程。

（1）首先需要"体检"，检查自动驾驶系统对环境感知、车辆控制等的基本能力。

（2）其次理论测试，测试自动驾驶汽车对交通法规的遵守能力。

（3）再次是场地考核，即在特定场景下的自动驾驶测试。

（4）最后是实路考核，将自动驾驶汽车放置于特定开放测试道路内进行实际测试。

在测试场建设方面，美国密歇根大学率先建成了面积约 130000m^2 的智能网联汽车专用测试场 M-City。日本、欧洲等多地也已建成或在积极建设各类智能网联汽车专用测试场。上海嘉定于 2016 年率先建成中国第一个专业的智能网联汽车测试场。随着智能网联汽车的快速发展，北京、重庆等地纷纷建设智能网联汽车试验基地。北京市统筹组织交通、汽车、通信产业链 9 家龙头企业组建成立"北京智能车联产业创新中心"，2019 年 8 月，北京市最长的智能网联测试道路已经建成并启用，该测试场是北京市首个 TI～T5 级别测试场。2019 年 12 月 8 日，中国通信技术集团中国汽研智能网联汽车试验基地在重庆落成投用。2021 年 4 月 29 日，全国首个"自动驾驶政策先行区"在北京落地。交通运输部已分三批认定了 7 个自动驾驶封闭场地测试基地，分别在北京、西安、重庆、上海、泰兴和襄阳。

▶ **习题**

一、填空题

1. 智能网联汽车集中运用了汽车工程、人工智能、计算机、微电子、自动控制、通信与平台等技术，是一个集_____、_____、_____、_____等于一体的高新技术综合体，拥有相互依存的价值链、技术链和产业链体系。

2. 智能网联汽车的产品体系可分为_____、_____、_____三个层次。

3. 国内主要整车企业普遍在 2018 年左右推出 PA 级智能化产品，2020 年左右推出_____智能化产品，2025 年左右部署_____智能化整车产品。

4. 系统集成供应商能够提供智能网联汽车自动驾驶技术研发和集成、车载信息系统技术研发和集成的软硬件供应企业，包括提供_____、_____、_____、_____等。

二、选择题

1. 国外比较典型的开发自动驾驶汽车的生产商有(　　)。

　　A. 英特尔　　　　　　B. 宝马　　　　　　C. 德尔福　　　　　　D. Mobileye

2. 参与高精度地图的企业有(　　)。

　　A. 四图维新　　　　　B. 景驰科技　　　　　C. 地平线机器人　　　D. 蔚来汽车

三、简答题

1. 请简要概述智能网联汽车的体系架构。

2. 请简要概述智能网联汽车未来的发展趋势。

第二章

智能网联汽车环境感知技术

知识目标

(1) 熟悉常见汽车用雷达、视觉传感器的类型、特点及应用方法。

(2) 了解常见汽车用雷达、视觉传感器的工作原理及性能。

(3) 掌握不同类型的汽车用雷达、视觉传感器在智能网联汽车上的应用。

技能目标

能识别不同类型的汽车雷达、视觉传感器。

素养目标

(1) 培养创新思维和解决问题的能力,能够应对复杂环境和挑战性任务。

(2) 培养持续学习和更新知识体系的能力。

(3) 培养团队合作和沟通能力。

第1节 智能网联汽车雷达的应用

汽车雷达通过对被测目标发射电磁波并接收其回波来获得目标至雷达的距离、方位、距离变化率等信息。其主要任务是对道路基础设施(道路、桥梁、立交桥、交叉路口等)和道路目标物(车辆、行人、道路障碍物等)的距离、方位、形状等进行检测,并将这些环境数据发送到车辆控制单元和车载计算平台,用于辅助驾驶或自主式自动驾驶。

目前,在汽车上常用的雷达有:车载超声波雷达、车载毫米波雷达和激光雷达。

一、车载超声波雷达

超声波是指频率高于人类听觉上限频率(约 2000 Hz)的声波。超声波雷达是利用超声波的特性进行障碍物和距离检测的设备,在信号发射时将交流的电信号转换成超声波信号,在信号接收时将超声接收器中获取的超声波信号转换为电信号,如图2-1所示。

图2-1 车载超声波雷达

(一)车载超声波雷达结构

超声波雷达主要由发射器和接收器组成,安装在同一面上。发射器和接收器依据压电效应进行超声波发射和接收,而压电效应的核心部件是压电晶片(双晶振子)。双晶振子把双压电陶瓷片以相反极化方向粘在一起,在长度方向上,一片伸长,另一片就缩短;在双晶振子的两面涂覆薄膜电极,上面引线通过金属板(振动板)接到一个电极端,下面引线直接接到另一个电极端。双晶振子为正方形,正方形的左右两边由圆弧形凸起部分支撑,如图2-2所示。这两处的支点就成为振子振动的节点。

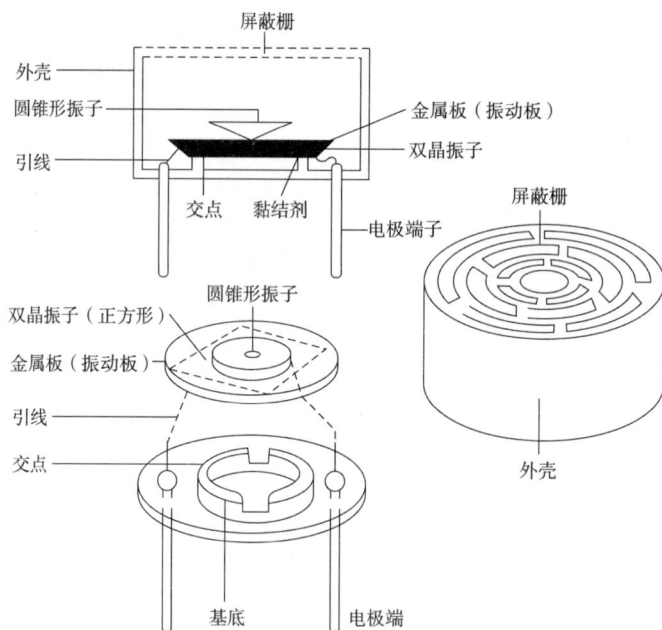

图2-2 车载超声波雷达结构

金属板的中心有圆锥形振子,发送超声波时,圆锥形振子有较强的方向性,能高效地发送超声波;接收超声波时,超声波的振动集中于振子的中心,能产生高效率的高频电压。

(二)车载超声波雷达工作原理

车载超声波雷达一般采用渡越时间法对目标物进行测距。设探头到障碍物表面的距离

为 L，超声在空气中的传播速度为 v（约为 340m/s），从发射到接收所需的传播时间为 t，当障碍物在超声波雷达的测量范围内时，$L = vt/2$。由此可见，被测距离与传播时间之间具有确定的函数关系，只要能测出传播时间，就能求出被测距离。

车载超声波雷达工作过程如图 2-3 所示。信号处理器控制超声波发射器发出电信号并经超声波转换器转化为超声波脉冲，超声波经介质（空气）传到被测目标物表面后会产生漫反射，反射回来的超声波通过介质（空气）传到超声接收器并被转换成电信号。超声波接收器接收到电信号后，将其发送到信号处理器。信号处理器通过接收的信号分析出被测目标物的方位和距离，并将分析出来的信息经 CAN 总线或 FlexRay 总线，发送到发动机管理系统、防抱死制动系统、自动变速器和电动助力转向系统等电子控制系统。电子控制系统根据超声波雷达的检测结果进行前进、后退和方向控制，实现自动泊车等驾驶辅助功能，或经车载以太网输出，与车载计算平台连接，为自动驾驶的环境感知子系统提供环境感知数据。

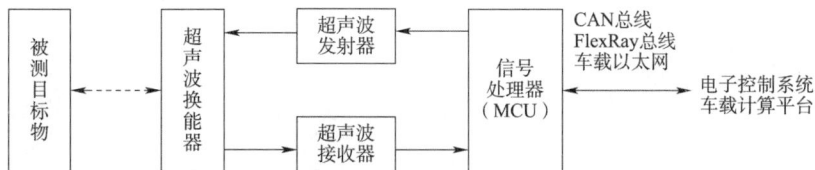

图 2-3　车载超声波雷达工作过程

（三）车载超声波雷达特点

车载超声波雷达主要有以下特点。

（1）结构简单、体积小、成本低，信息处理简单可靠，易于小型化与集成化，并且可以进行实时控制。

（2）超声波对外界光线和电磁场不敏感，可用于黑暗、烟雾、电磁干扰强等恶劣环境中。

（3）超声波的传播速度仅为光波的百万分之一，且指向性强，能量消耗小，可直接测量较近目标的距离，一般测量距离小于 10m。

（4）超声波对色彩、光照度不敏感，可适用于识别透明、半透明及漫反射差的物体，但检测的角度较小。

前期，超声波雷达主要用作倒车雷达，安装 2 ~ 4 个在车身后方，可以探测后方是否存在障碍物，当存在障碍物时倒车雷达会发出警告，以提高倒车安全性；后期，在驾驶辅助阶段，车载超声波雷达可用于盲区检测，安装 4 个超声波雷达在车身侧面，探测车辆两侧盲区的近距离目标物，必要时给予警告，以满足车辆侧面盲区探测角度的要求，还可满足自动泊车或自动驾驶等功能要求。

二、车载毫米波雷达

（一）车载毫米波雷达结构

毫米波雷达

毫米波是指工作频率介于微波和光波之间的电磁波，车载毫米波雷达如图 2-4 所示，是

工作在 30～300GHz 频率之间的雷达,目前主流频段为 24GHz 和 77GHz。车载毫米波雷达的频率越高,检测分辨率就越高。车载毫米波雷达主要用于车辆的自适应巡航、碰撞预警和盲区检测等驾驶辅助功能。

按照测距原理,可将毫米波雷达分为脉冲式毫米波雷达和调频连续式毫米波雷达两大类。其中,脉冲式毫米波雷达因探测技术复杂、硬件结构复杂和成本高等缺点,在车载领域的应用较少。因此,本节主要讲解调频连续式毫米波雷达。

车载毫米波雷达主要由连接插头、集成电路板、中间壳体、天线阵列(天线发射器和接收器)和外壳等组成,如图 2-5 所示。其中天线阵列从上至下分别是 10 条发射天线、2 条发射天线和 4 条接收天线。两组发射天线分别负责探测近处和远处的目标。

图 2-4　车载毫米波雷达

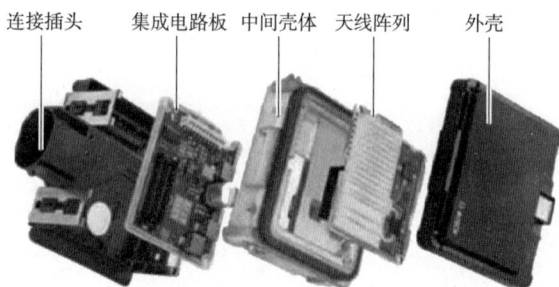

图 2-5　车载毫米波雷达结构

(二)车载毫米波雷达工作原理

采用调频连续波方式的毫米波雷达的基本原理是当发射的连续调频信号遇到前方目标时,会产生与发射信号有一定延时的回波,再通过雷达的混频器进行混频处理,而混频后的结果与目标的相对距离和相对速度有关。

车载毫米波雷达工作过程如图 2-6 所示。信号处理模块控制电压、控制振荡器,为无线接收模块和无线发射模块提供基准的毫米波信号,无线发射模块接收到信号后发射毫米波信号,遇到障碍物体后毫米波被反射回来,被无线接收模块接收并发送到信号处理模块。

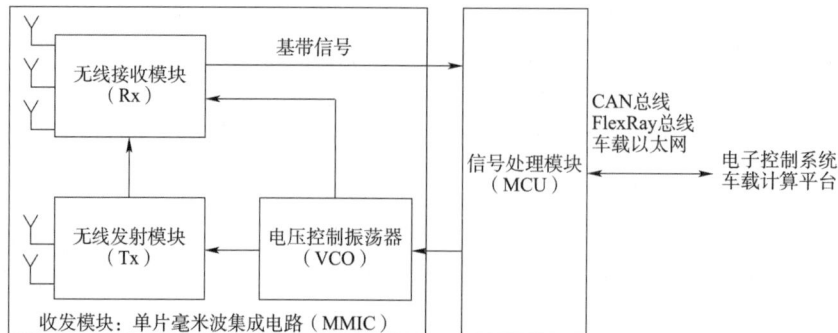

图 2-6　车载毫米波雷达工作过程

信号处理模块基于微控制器的信号处理软件实现对反射信号的处理,根据发射和反射信号的方向与时间间隔,计算出目标物的距离、方向和相对速度,并将计算结果经 CAN 总线或 FlexRay 总线发送到车辆电子控制系统或车载计算平台,为车辆提供环境感知数据。

(三)车载毫米波雷达特点

车载毫米波雷达具有以下特点。

(1)抗干扰能力强。毫米波雷达一般工作在高频段,而周围的噪声和干扰处于中低频区,基本上不会影响毫米波雷达的正常运行,因此,毫米波雷达具有抗低频干扰特性。

(2)响应速度快。毫米波的传播速度与光速一样,并且其调制简单,配合高速信号处理系统,可以快速地测量被测目标的角度、距离、速度等信息。

(3)环境适应性强。毫米波具有很强的穿透能力,且天线属于微波天线。所以在雨、雪、大雾等恶劣天气依然可以正常工作。

(4)测量范围广。车载毫米波雷达探测角度为 15°~150°,其测量范围在 250m 左右。但毫米波在空气中传播时会受到氧分子和水蒸气的影响,氧分子和水蒸气的谐振会对毫米波频率产生选择性的吸收和散射。吸收和散射严重时,会影响测量距离和精度。因此,实际应用中,应找到毫米波在大气中传播衰减为极小值的频率。

(四)车载毫米波雷达应用

车载毫米波雷达在车辆上的安装位置及功能见表 2-1。

车载毫米波雷达安装位置及功能 表 2-1

安装位置	雷达配置	配置说明	实现功能
前置	长距离毫米波雷达(中间一个或左右侧各一个)	适用于车速无限制国家,如德国。为了拓宽探测角,有时安装两个长距离雷达	自适应巡航、前方碰撞预警、自动紧急制动、行人碰撞预警、行人保护
	中短距离毫米波雷达(中间一个)	适用于车速有限制的国家,一个中短距离雷达,可以满足探测角要求	自适应巡航、前方碰撞预警、自动紧急制动、行人碰撞预警、行人保护
后置	中短距离毫米波雷达(左右各一个)	安装在左侧和右侧尾部,以满足车辆侧面盲区视角检测要求	盲区检测、车道变换辅助、追尾碰撞预警

三、车载激光雷达

车载激光雷达,是指工作在红外和可见光波段,以激光为工作光束的探测设备,如图 2-7 所示。其主要功能包含搜索和发现目标,测量与被测物体间的距离、速度、角位置等运动参数,测量被测物体的反射率、散射截面和形状等特征参数。

图 2-7 车载激光雷达

(一) 车载激光雷达类型

车载激光雷达可以按照扫描机构的不同和有无机械旋转部件进行分类。

1. 按照扫描机构分类

激光雷达根据扫描机构的不同,有单线(二维)和多线(三维)两种,多线一般为8线、16线和32线。它们大部分都是靠旋转的反射镜将激光发射出去,并通过测量发射光和反射光之间的时间差来测量距离。其中,多线激光雷达的反射镜附加一定范围的俯仰角,以达到面扫描的效果。

单线激光雷达和多线激光雷达在先进驾驶辅助系统上得到了广泛应用。与多线激光雷达相比,单线激光雷达结构简单、测距速度快、系统稳定可靠,但只能在一个平面上进行扫描。当其用于地形复杂、路面高低不平的环境时,易出现数据失真和虚报的现象;同时,由于数据有限,用单个单线激光雷达无法完成越野环境下的地形重构。单线激光雷达一般用于智能驾驶中的自动跟车行驶。

多线激光雷达,通过综合多条扫描线旋转扫描的结果,得到空间范围内的深度信息,能够有效捕获目标的基本特征和局部细节,测量精度和可靠性很高,常用于测距、测速和三维成像。

2. 按照有无机械旋转部件分类

激光雷达按有无机械旋转部件分为机械式旋转激光雷达、固态激光雷达和混合固态激光雷达三类,如图 2-8 所示。

a) 机械式旋转激光雷达   b) 固态激光雷达   c) 混合固态激光雷达

图 2-8　激光雷达按照有无机械旋转部件分类

机械式旋转激光雷达通过不断旋转的发射头,将速度更快、发射更准的激光束从“线”变成“面”,并在竖直方向上排布多束激光(即 32 或 64 线雷达),形成多个面,达到动态 3D 扫描的目的,但其有“大、重、贵”的缺点。

固态激光雷达是指没有可动部件或振动部件,具有高性能、高可靠性、高寿命和高效益的特点,是车载激光雷达的发展方向。

混合固态激光雷达是指外形上不存在可见的旋转部件,但为实现 360°的全视角探测,其内部仍然存在一些机械旋转部件,只是这套机械旋转部件做的非常小巧且可以内藏,如采用微机电(MEMS)技术制作的 MEMS 扫描镜。这种雷达具有数据采集速度快、分辨率高以及对于温度和振动适应性强的特点。

(二) 车载激光雷达的结构

车载激光雷达的主要结构基本相同,下面以机械式激光雷达为例讲解。其主要由激光发射器、激光接收器、伺服电动机、圆光栅等组成。激光发射器用于发射激光光束,激光接收器用于接收被反射回来的激光光束,伺服电动机用于控制反射镜的转动。

(三)车载激光雷达测距原理

根据所发射激光信号的不同形式,激光测距方式可分为脉冲测距法、干涉测距法和相位测距法。

1.脉冲测距法

用脉冲测量距离时,首先发出一个光脉冲,同时设定的计数器开始计数,当接收系统接收到经过障碍物反射回来的光脉冲时停止计数。计数器所记录的时间就是光脉冲从发射到接收所用的时间。光速是一个固定值,所以只要得到发射到接收所用的时间,就可以计算出所需测量的距离。

脉冲式激光测距所测得距离比较远,发射功率较高,一般从几瓦到几十瓦不等,最大射程可达几十千米。脉冲激光测距的关键是对激光飞行时间的精确测量。激光脉冲测量的精度和分辨率与发射信号带宽或处理后的脉冲宽有关,脉冲越窄,性能越好。

2.干涉测距法

干涉测距法的基本原理是利用光波的干涉特性实现距离的测量。根据干涉原理,产生干涉现象的条件是两列有相同频率、相同振动方向的光相互叠加,并且这两列光的相位差固定。

干涉法测距技术虽然已经很成熟,并且测量精度也很好,但测量距离较小,所以干涉测距一般应用于干涉仪、测振仪和陀螺仪中。

3.相位测距法

相位测距法是利用发射波和返回波之间形成的相位差来测量距离的方法。首先,经过调制的频率通过测距设备发射系统发出一个正弦波的光束,然后,通过接收系统接收经过障碍物之后反射回来的激光。只要求出这两束光波之间的相位差,便可通过此相位计算出待测距离。

相位测距设备由于其精度高、体积小、结构简单、昼夜可用的优点,被公认为是最具有发展潜力的测距技术设备。相比于其他类型的测距设备,相位测距设备朝着小型化、高稳定性、方便与其他仪器集成的方向发展。

(四)车载激光雷达工作原理

激光雷达是由激光发射系统、激光接收系统、信号采集处理系统、控制系统等组成,其简化结构如图2-9所示。

激光雷达发射系统主要负责向障碍物发出激光信号;接收系统主要负责接收经障碍物反射回来的激光信号;信号采集处理系统主要负责将接收回来的信号进行处理,使它能够符合下一级的要求,它是激光雷达系统最关键的环节,直接影响激光雷达系统的测量精度;控制系统主要负载提供信号并对接收回来的信号进行数据处理。

激光雷达是通过测算激光发射信号与激光回波信号的往返时间,来计算距离的。首先,控制系统控制发射系统发出激光束;其次,激光束碰到障碍物后反射回来并被接收系统接收;再次,信号采集处理系统将接收到的信号进行处理后发送至控制系统;最后,控制系统经过计算得出激光传播时间,从而计算出障碍物的距离。

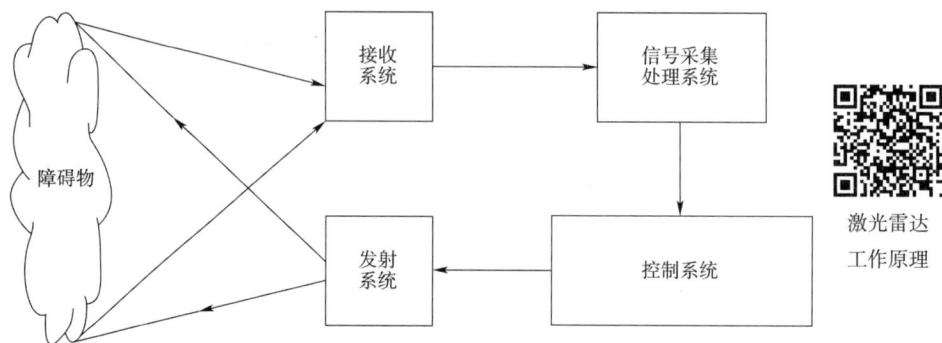

图 2-9　激光雷达简化结构

(五) 车载激光雷达特点

激光雷达主要具有以下特点。

(1)全天候工作,不受白天和黑夜的光照条件限制。

(2)激光束发散角小、能量集中、分辨率和灵敏度更好,以及探测精度高。

(3)可以获得幅度、频率和相位等信息,可以探测从低速到高速的目标。

(4)抗干扰能力强、隐蔽性好、激光不受无线电波干扰,低仰角工作时对地面的多路径效应不敏感,但其工作很容易受到雨雪等恶劣天气的影响。

(5)激光雷达的波长短,可以在分子量级上对目标探测且探测系统的结构尺寸可做得很小。

(6)激光雷达具有三维建模功能,能够检测周围 360° 所有物体。

(六) 车载激光雷达应用

目前,汽车上主要使用的是多线(三维)激光雷达。多线激光雷达初期主要用于实现驾驶辅助或低级的自主式自动驾驶。

多线旋转式扫描激光雷达目前主要采用机械扫描的方式,主要用于实现自主式全自动驾驶或无人驾驶应用。

多线激光雷达主要用于驾驶辅助,可以与毫米波雷达互为补充,其在汽车中的位置及实现功能见表 2-2。

激光雷达位置及实现功能　　　　　　　　　　表 2-2

安装位置	雷达位置	实现功能
前置	中部	自适应巡航、前方碰撞预警、自动紧急制动、行人碰撞预警、行人保护
	左右角	盲区检测、车道变换辅助
后置	左右角	盲区检测、车道变换辅助
	中部	追尾碰撞

第2节 智能网联汽车视觉传感器的应用

视觉传感器成本低廉,获取的环境信息直观,在车载领域得到了广泛应用,比如目前常见的倒车影像和360°全景环视系统,都使用了鱼眼摄像头。同时,随着各类图像处理方法的发展,以及图像处理芯片成本的持续降低,使用视觉传感器实时获取环境信息成为一种可行的车载应用方案。因此,视觉传感器成为目前智能网联汽车广泛使用的传感器。

一、视觉传感器的定义

视觉传感器又叫摄像头,如图2-10所示,是一种使用光电传感器件来获取物体图像的设备。它能够将物体图像转化为数字信号,并且可以对图像进行处理和分析。视觉传感器可应用于机器人、自动驾驶车辆、安防系统、医疗图像、生产线质量控制等。通过使用视觉传感器,可以使机器或设备具有类似于人眼的感知能力,从而实现更高效、精确和自动化的操作。

图2-10 视觉传感器

二、视觉传感器的结构和工作原理

视觉传感器主要由光源、镜头、图像传感器、模/数转换器、数字信号处理器、图像存储器等组成,有时还要配以光投射器及其他辅助设备,如图2-11所示。视觉传感器的主要功能是获取足够的机器视觉系统要处理的最原始图像。

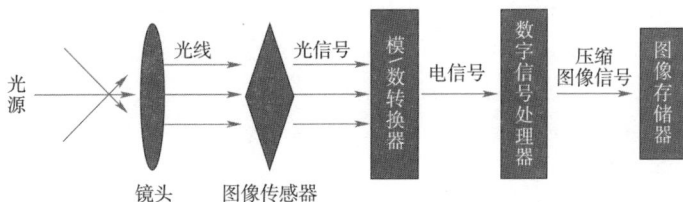

图2-11 视觉传感器基本结构

(一)基本结构

(1)光源。光源是一个物理学名词,世界上的物体有的发光,有的不发光,我们把能够自行发光且正在发光的物体叫作光源,如太阳、打开的电灯、燃烧的蜡烛等。

(2)镜头。镜头是视频传感器的关键部件,它的质量好坏直接影响着摄像头的指标。镜头相当于人眼的晶状体,如果没有晶状体人眼看不到任何物体。如果没有镜头,那么摄像头所输出的图像就是白茫茫的一片。

(3)图像传感器。图像传感器通常使用电荷耦合装置(CCD)或互补金属氧化物半导体(CMOS)技术将光转换为电信号。图像传感器的任务本质上就是采集光源并将其转换为平衡噪声、灵敏度和动态范围的数字图像。图像是像素的集合,暗光产生暗像素,亮光产生较亮的像素。图像传感器能够确保摄像头具有正确的分辨率以适合应用,分辨率越高,图像细节越高,测量准确度越高。

(4)模/数转换器。模/数转换器即通常所说的 A/D 转换器,是将模拟信号转变为数字信号的电子元件,能够把输入的电压信号转换为输出的数字信号。

(5)数字信号处理器(DSP)。DSP 的作用是将数字化的图像信号,通过数字信号处理的技术和算法对图像进行处理、分析和应用。在视觉传感器中 DSP 的主要作用有实时图像处理、特征提取、目标检测和识别、图像压缩、高级的图像处理和计算机视觉等。

(6)图像存储器。图像存储是指各种图形和影像在存储器中最多可以存储多少帧的视频信号。数字图像文件存储方式主要有位映射图像、光栅图像以及矢量图像等。

(二)工作原理

视觉传感器的工作原理大致为:景物通过镜头(LENS)生成的光学图像投射到图像传感器表面上,然后转为电信号,经过模数转换后变为数字图像信号,再送到数字信号处理器(DSP)中加工处理,将处理好的信息存储起来,可以作为显示的信息进行显示,或者作为其他的输入信号进行信号决策。

三、视觉传感器的分类

视觉传感器是智能车辆路径识别模块中摄像头的重要组成部分,可以检测可见光、紫外线、X 射线、近红外光等,实现视觉功能的信息采集、转换和扩展,提供可视化、真实、多级、多内容的视觉图像信息。图像传感器按安装位置分为前视、后视和环视;按镜头类型分为长焦、鱼眼;按传感器的原理分为单目可见光、双目可见光、三目可见光和红外夜视等多种类型。

单目摄像头、双目立体摄像头、三目摄像头、环视摄像头和红外摄像头是目前在汽车上应用比较广泛的视觉传感器,它们的检测原理、处理算法及特点各有不同,下面分别介绍这几种典型的车载视觉传感器。

(一)单目摄像头

单目摄像头,如图 2-12 所示。一般安装在前风窗玻璃上部,用于探测车辆前方环境,识别道路、车辆、行人等,先通过图像匹配进行目标识别(各种车型、行人、物体等),再通过目标在图像中的大小去估算目标距离。这就要求对目标进行准确识别,然后要建立并不断维护一个庞大的样本特征数据库,保证这个数据库包含待识别目标的全部特征数据。如果缺乏待识别目标的特征数据,就无法估算目标的距离,导致目标信息的漏报。

单目摄像头的优点是成本低廉,能够识别具体障碍物的种类,且识别准确率高;缺点是其无法识别没有明显轮廓的障碍物,工作准确率与外部光线条件有关,并且受限于数据库,没有自学习功能。

(二)双目摄像头

双目摄像头,如图 2-13 所示,它是通过对两幅图像视差的计算,直接对前方景物(图像所拍摄到的范围)进行距离测量,而无须判断前方出现的是什么类型的障碍物。依靠两个平行布置的摄像头产生的视差,找到同一个物体所有的点,依赖精确的三角测距,就能够算出摄像头与前方障碍物的距离,实现更高的识别精度和更远的探测范围。使用这种方案,需要两个摄像头有较高的同步率和采样率,因此技术难点在于双目标定及双目定位。相比单目摄像头,双目摄像头没有识别率的限制,无须先识别,可直接进行测量,直接利用视差计算距离精度更高,无须维护样本数据库。但因为检测原理上的差异,双目视觉方案在距离测算上相比于单目摄像头,其硬件成本和计算量级都大幅增加。

图 2-12　单目摄像头　　　　图 2-13　双目摄像头

摄像头

(三)三目摄像头

三目摄像头,如图 2-14 所示,它的硬件结构是由三个独立的摄像单元组成,每个摄像单元都包括一个镜头和一个图像传感器。这三个摄像单元一般被布置在一个平面上,并且具有一定的空间角度,从而能够实现对场景的全方位观测。同时,三目摄像头还包括一个同步控制单元,用于同步三个摄像单元的工作。

三目摄像头的成像原理是基于视差的测量。视差是指当人眼或摄像机从不同位置观察同一物体时,物体在图像上的位置差异。三目摄像头的三个摄像单元分别拍摄到场景的三个不同视角的图像,然后通过计算图像中物体的视差,可以获得物体的三维位置信息。具体来说,通过对三个图像进行匹配,找到对应物体在三个图像中的位置,然后

图 2-14　三目摄像头

通过三角测量原理计算出物体的三维坐标。

(四)环视摄像头

环视摄像头,一般至少包括四个摄像头,能实现360°环境感知。

(五)红外摄像头

由于夜间可见光成像的信噪比较低,从而导致基于可见光的视觉传感器夜间成像的难度增大,而远红外系统在这个时候就能发挥自身独特的优势。

自然界中一切温度高于绝对零度的物体,每时每刻都会向外辐射红外线。红外线辐射的物理本质是热辐射,也是一种电磁波。红外线是从物质内部发射出来的,产生红外线的根源是物质内部分子热运动。

红外线通常指波长 $0.75 \sim 1000\mu m$ 的电磁波,红外波段的短波端与可见光的红光部分相邻,长波端与微波相接。红外线与电磁频谱的可见光一样,以光速传播,遵守同样的反射、折射、衍射和偏振等定律,因此其成像的原理与前面介绍的视觉传感器完全一样。

基于红外热成像原理,通过能够透过红外线的红外光学系统,将视场内景物聚焦到红外探测器上,红外探测器再将强弱不等的辐射信号转换成相应的电信号,然后经过放大和视频处理,形成可供人眼观察的视频图像,如图2-15所示。

a)红外摄像头   b)红外成像

图2-15　红外摄像头和红外成像

四、视觉传感器的在智能网联汽车上的应用

随着电子化、信息化与人工智能技术的发展,小型化和嵌入式的视觉传感器得到了广泛应用,人们可以从车载摄像头中获得更智能的结果,即通过摄像头的视场感知驾驶环境。视觉传感器可实现车道偏离警告、前方碰撞预警、行人碰撞预警、交通标志识别、盲点监控、驾驶人注意力监控、全景环视、泊车辅助和车道保持辅助等功能。

(一)车道偏离警告系统

车道偏离警告系统是一种通过及时警告来辅助驾驶人,以减少因为车道偏离引起交通事故的系统,主要通过摄像头作为环境感知传感器,如图2-16所示。

当车道偏离系统打开时,摄像头将持续检测环境,在各种气候、光照条件下通过图像处理识别车道线,感知道路几何形状并获得当前车道中的车辆位置参数,结合车辆状态传感器获得车速、转向灯状态、转向盘角度等车辆动态参数,通过车道偏离评估算法评估车道偏离的可能性(根据转向盘的位置、车辆的速度、车辆与车道的角度来估算偏离时间),必要时通过声音、仪表显示、转向盘、座椅振动等人机交互方式提醒驾驶人。如果驾驶人打开转向灯并正常改变车道,车道偏离警告系统将不会给出任何提示。当车辆异常偏离车道时,传感器将及时收集车辆数据和驾驶人的操作状态,然后由控制器发出警报信号,为驾驶人提供更多的反应时间。

图2-16 车道偏离警告系统

(二)车道保持辅助系统

车道保持辅助系统基于车道偏离警告系统,在驾驶人未能及时响应预警,或者驾驶人将转向任务完全交给自动驾驶系统控制时,控制转向等底盘执行机构,使车辆保持在车道内安全行驶。

(三)前向碰撞预警系统

前向碰撞预警系统(FCW)主要用于协助驾驶人避免追尾、与行人或非机动车等交通参与者碰撞、与道路上其他障碍物碰撞等交通事故。前向碰撞预警系统基于摄像头、雷达或多种传感器组合方式,检测前方障碍物并评估碰撞风险,根据风险等级进行各级预警,直至主动制动等方式提醒驾驶人或者主动控制车辆,避免碰撞事故发生。

前向碰撞预警系统使用雷达和摄像头探测汽车前方的行人。如果汽车接近行人,风窗玻璃上首先会亮起红色警告灯,同时鸣响警报声提醒驾驶人,如图2-17所示。

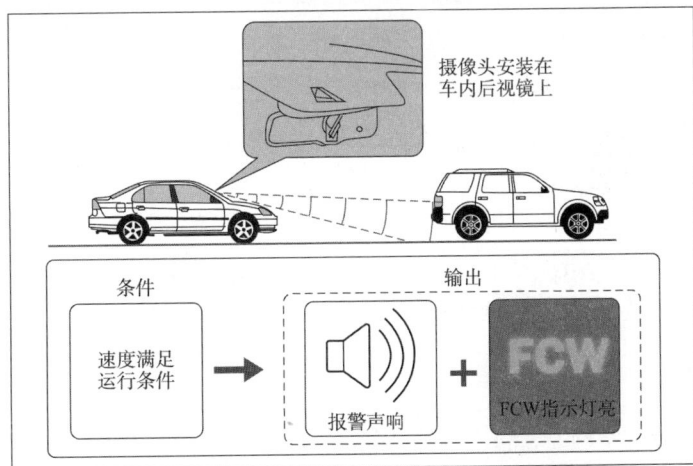

图2-17 前向碰撞预警系统

如果碰撞危险进一步增加，辅助紧急制动系统开始起作用，减小制动衬块和制动盘之间的距离以缩短制动时间，同时还会增加制动液压，即使驾驶人没有用力踩制动踏板也能进行最有效的制动。如果车辆仍未制动，而系统认为即将发生碰撞，汽车会进行自动制动，最大限度地降低车速，进而避免事故或减小事故带来的伤害。

（四）交通标志识别系统

车辆安全系统的交通标志识别系统利用前置摄像头组合模式通过特征识别算法，识别道路上的交通标志，发出预警信号或自动调整车辆运行状态，从而提高车辆的安全性和合规性，此功能可以辅助驾驶人及时发现交通标志。

（五）换道辅助系统

换道辅助系统的主要功能是扫除后视镜盲区，其主要通过侧方摄像头、后视摄像头或雷达检测盲区内影响车辆换道的交通参与者，并通过仪表、后视镜指示灯等方式提示驾驶人，避免因为驾驶人视觉盲区导致的换道或转向过程中发生事故的风险。

由于车辆后视镜中有一个视觉盲区，因此在换道或转向过程中，可能无法及时估计或者看到盲区中的车辆。如果盲区内有车辆，则会发生碰撞，在大雨、雾天、夜间光线暗淡的情况下，更难看到后面的车辆，换道或者转向发生交通事故的风险也会增加。

图 2-18　换道辅助系统

换道辅助系统可以解决后视镜盲点问题，如图 2-18 所示，摄像头或者雷达用于探测车辆两侧后视镜盲点内的超车车辆，提醒驾驶人在变道过程中避免后视镜盲点，避免事故的发生。

当在盲区检测到对换道或转向有影响的车辆时，安装在后视镜的指示灯闪烁。如果驾驶人没有注意到指示灯的闪烁并准备换道，在发生碰撞的危险前，系统会及时发出声音警报，再次提醒驾驶人换道很危险，不应换道。

未来汽车盲区检测将发展为更智能、全面和协同的系统，以提高驾驶安全性和便利性。这将通过高级传感器技术、人工智能和机器学习、增强现实技术以及云端数据共享实现。

高级传感器技术将包括毫米波雷达、激光雷达和立体摄像头等，提供更准确和全面的盲区检测。人工智能和机器学习将应用于算法训练和学习，提高检测准确性和可靠性。增强现实技术将通过虚拟盲区图像呈现直观的盲区信息。而云端数据共享将实现车联网与其他车辆和基础设施的数据共享，提高整体道路安全性。

（六）夜视系统

在夜视辅助系统的帮助下，驾驶人在夜间或弱光线的驾驶过程中将获得更高的预见能力，它能够针对潜在危险向驾驶人提供更加全面准确的信息或发出早期警告，如图 2-19 所示。

图 2-19　夜视系统

(七) 驾驶人监控系统

驾驶人监控系统包括疲劳监控、驾驶行为监控、注意力监控等。它不断检测驾驶人的驾驶状态,使驾驶人保持安全驾驶所需的注意力,以及在自动驾驶和人工驾驶切换过程中,保证驾驶人有足够时间接管车辆。

(八) 汽车环视监控系统

环视监控系统如图 2-20 所示,通常由四个摄像头组成,分别位于汽车前部、后部和两侧,它们捕捉到的图像被传输到车内的显示屏上。

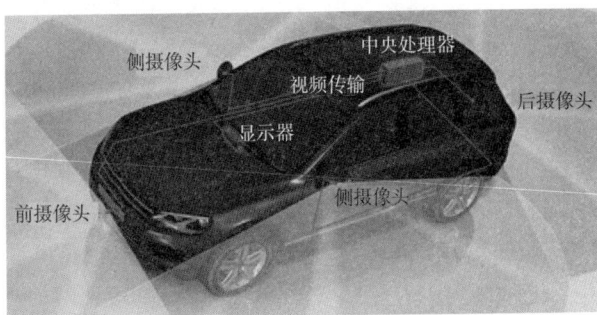

图 2-20　汽车环视监控系统

环视监控系统的主要功能是帮助驾驶人更好地了解车辆周围的情况,提供增强的驾驶辅助和安全性。这个系统可以显示一个清晰的、鸟瞰式的图像,让驾驶人可以看到车辆周围的障碍物、行人、停车位等。它们还可以提供动态辅助线,帮助驾驶人在倒车或者掉头时更准确地判断车辆的位置和方向。

(九) 自动泊车系统

自动泊车系统通过传感器系统感知环境信息,包括视频传感器(摄像头)、毫米波雷达、超声波雷达等。根据传感器系统的信息得出有效车位信息、车辆相对位置,从而决策泊车初始位置,如图 2-21 所示。电子控制单元(ECU)根据传感器信息,实时进行环境建模,生成车辆运动路径,控制车辆无碰撞地自动运动到泊车位。

总的来说,智能网联汽车的视觉传感器在车辆感知和决策中扮演着重要角色。它们通过图像识别和处理技术,实时获取周围环境的视觉信息,并为车辆提供感知、导航和决策依据,为实现智能出行和自动驾驶技术提供了强有力的支持。然而,视觉传感器的分辨率、灵敏度、动态范围、色彩准确率、帧率、稳定性和可靠性仍然需要不断改进和优化,以确保智能网联汽车能够在各种复杂的交通环境下安全地运行。

图2-21 自动泊车系统

习题

一、选择题

1.光电传感器的工作原理是基于( )。

    A.光电效应   B.电磁感应   C.光敏电阻   D.压力感应

2.智能网联汽车的视觉传感器用于( )。

    A.提供车辆的位置信息   B.检测车辆的重量

    C.感知道路和交通环境   D.控制车辆的制动系统

3.智能网联汽车的视觉传感器主要使用的技术是( )。

    A.毫米波雷达   B.超声波传感器   C.激光雷达   D.摄像头

4.智能网联汽车的视觉传感器可以检测到( )信息。

    A.车辆速度   B.前方车辆的距离

    C.车辆的颜色   D.车辆的发动机温度

5.智能网联汽车的视觉传感器可以用于( )的应用。

    A.自动紧急制动   B.车辆自动泊车

    C.自动巡航控制   D.车辆音响系统控制

6.智能网联汽车的视觉传感器可以识别( )。

    A.行人   B.道路标志   C.建筑物   D.音乐播放器

7.智能汽车常用的环境感知传感器有( )、激光雷达、毫米波雷达、超声波雷达和红外线传感器等。

    A.视觉传感器   B.化学传感器   C.听觉传感器   D.气敏传感器

8.车载单目摄像头采集到的信息是( )图像。

    A.一维   B.二维   C.三维   D.以上均不对

9.车载式环境感知系统主要包括( )。

    A.摄像头   B.激光雷达   C.毫米波雷达   D.5G

10.下列哪些传感器可以用来测量距离?( )

    A.激光测距传感器   B.声波传感器

    C.温度传感器   D.压力传感器

二、判断题

1. CCD 电荷耦合技术可直接将光学信号转换为数字电信号,实现图像的获取、存储、传输、处理和复现。 (　　)

2. 根据所采用的相机感光技术可分为四类,分别为 CCD 电荷耦合器件技术、CMOS 互补金属氧化物半导体技术、IR 红外线感光技术、Stereo 立体感知技术。 (　　)

3. 智能网联汽车道路识别既可以使用视觉传感器,也可以使用毫米波雷达。 (　　)

4. 智能网联汽车车辆识别既可以使用视觉传感器,也可以使用毫米波雷达。 (　　)

5. 智能网联汽车行人识别既可以使用视觉传感器,也可以使用毫米波雷达。 (　　)

6. 智能网联汽车交通标志识别主要使用视觉传感器,不能使用毫米波雷达。 (　　)

7. 图像处理是视觉传感器的一部分。 (　　)

三、简答题

1. 什么是智能网联汽车的视觉传感器?

2. 视觉传感器的主要组成部件有哪些? 简要说明它的工作原理。

3. 智能网联汽车的视觉传感器面临的挑战有哪些?

4. 智能网联汽车视觉传感器按照安装位置不同可分为哪几类? 它们的主要作用分别是什么?

第三章

智能网联汽车高精度定位导航技术

知识目标

(1) 掌握高精度地图的数据类型及分层体系架构。

(2) 了解高精度地图的创建、制作和共享的流程及方法。

(3) 了解地面无线电定位技术。

(4) 熟悉卫星定位技术的常见系统及各系统的组成、特点、应用及参数性能对比。

(5) 掌握 GPS 卫星定位技术的原理。

(6) 熟悉惯性定位系统的原理、优点及其与卫星定位技术的结合应用。

(7) 了解路径规划技术的三个主要概念。

(8) 熟悉局部路径规划中环境模型建立的方法。

(9) 熟悉局部路径规划中路径搜索的经典算法及智能算法。

技能目标

(1) 具备识别路径规划技术各种建模方法的能力。

(2) 具备区分局部路径规划中路径搜索的经典算法及智能算法的能力。

素养目标

(1) 培养信息收集能力。

(2) 培养团队合作意识、沟通交流能力和信息整合能力。

(3) 养成学习新知识、新技术的理念,紧跟汽车行业发展趋势的意识。

第1节 智能网联汽车高精度地图技术

一、高精度地图的数据类型及分层体系架构

(一)数据类型

用于自动驾驶的高精度地图是用于存储和呈现车辆环境数据和交通运行数据的载体。车辆环境数据是反映车辆周边环境的相关数据,包括道路、桥梁、立交桥、隧道、交叉路口、车道线和道路沿线等道路基础设施的识别数据,车辆、行人、道路障碍物等道路目标物的识别数据;高精度地图中的交通运行数据包括交通标志、交通控制、交通状况、道路性能和道路气象等数据。

根据数据更新的时间长短,高精度地图的数据可分为静态数据、准静态数据、准动态数据和高度动态数据,如图 3-1 所示。

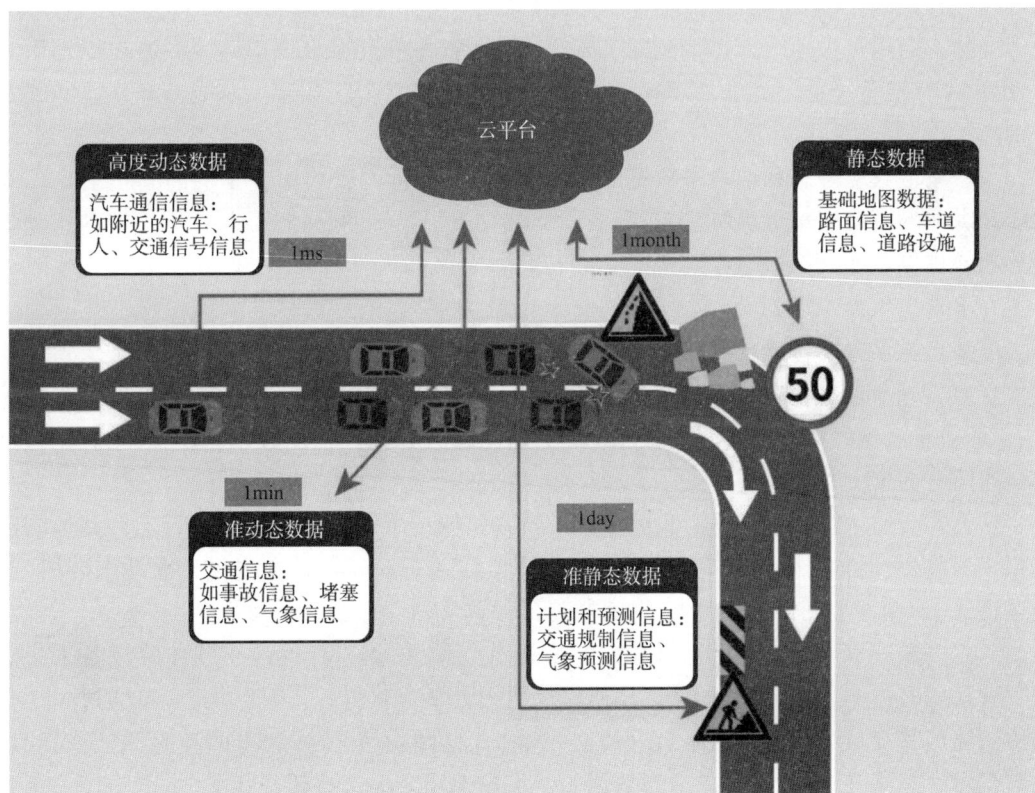

图 3-1 高精度地图的数据类型

1. 静态数据

静态数据主要包括车道级的道路拓扑结构、道路基础设施数据和道路基础设施属性数据。道路基础设施数据包括城市道路、城际道路、桥梁、立交桥、隧道和交叉路口的车道 ID 编号、位置和形状数据(高度、宽度、道路边缘类型、道路凹凸度、坡道斜率和弯道曲率等几何尺寸数据),以及高架物、防护栏和树等其他固定的道路基础设施数据。道路基础设施属性数据包括收费站的位置、涵洞限高和桥梁限重等。

静态数据一般由地图提供商通过车载传感设备感知识别后制作,也可由官方的地图数据管理部门提供,静态数据会在地图云平台上共享。其数据更新频次是月级别的,通常仅在道路基础设施发生变化的情况下才会进行更新。车载终端获取静态数据的途径有两种,一种是直接通过车载传感设备采集后识别获得实时数据,另一种是从地图云平台下载历史数据。两种不同方式获得的实时和历史数据可在车载终端融合,如果出现数据冲突可在地图云平台更新并共享。

静态的道路基础设施数据可用于车辆的高精度定位及横向和纵向的高精度车道定位,为实现自动驾驶决策子系统的路径规划、行为决策和运动规划等功能提供重要支撑。

2. 准静态数据

准静态数据主要包括交通标志位置及含义、交通信号灯位置、兴趣点(POI)位置和地标性建筑位置。交通标志和交通信号都属于路侧呈现设备,具体包括专用车道、车道方向、车辆限速、限行、禁停、弯道警告、引导和服务等标志。

准静态数据可由地图提供商通过车载传感设备(如摄像头传感设备等)感知识别后制作,也可由交通管理部门提供,准静态数据也会在地图云平台上共享。其更新频次是天或月级别。

车载终端获取静态和准静态数据的途径是相同的,且两者均用于车辆的高精度定位及横向和纵向的高精度车道定位,为实现自动驾驶决策子系统的路径规划、行为决策和运动规划等功能提供重要支撑。

3. 准动态数据

准动态数据主要包括临时性交通标志数据(如专用车道、车道方向、车道封闭、车道限速等信息)、交通控制数据(如信号灯相位和配时)、交通状况数据(如道路障碍物、道路能见度、交通流量、交通事故、道路施工、危险道路、道路行人)、道路性能数据、道路气象数据这五类交通运行数据。

这五类交通运行数据均可由车载传感设备或路侧传感设备采集并识别后上传到地图云平台。另外,交通标志数据和交通控制数据也可由交通管理部门直接提供。准动态数据(交通运行数据)会在地图云平台上共享,其数据的更新频次是秒或分钟级别。

车载终端获取准动态交通运行数据的途径有三种,一是直接通过车载传感设备采集后识别获得实时数据,二是通过蜂窝移动通信从地图云平台获得准实时数据,三是通过 V2I 车路协同通信从交通运输管理云平台获得实时数据。三种不同方式获得的实时、准实时和历史数据可在车载终端融合,如果出现数据冲突可在地图云平台更新并共享。

准动态的交通运行数据结合静态或准静态的道路基础设施数据,可用于实现自动驾驶决策子系统的路径规划等功能。

4.高度动态数据

高度动态数据主要包括道路目标物识别数据、车辆位置数据、车辆行驶数据、车辆操作数据和行人位置数据。

高度动态的道路目标物识别数据可通过车载传感设备采集后识别获得,或通过 V2X 协同通信从车、路、人交换获得。高度动态数据存储在车载终端,不需要上传到地图云平台。其数据更新频次是 10ms 级别的,更新频次很快。

高度动态数据与实时的道路基础设施数据,交通运行数据,地图云平台上的历史静态数据、准静态数据、准动态数据等通过同步定位与地图创建(SLAM)技术进行融合,在车载计算平台构建实时的车辆环境地图,可用于实现自动驾驶决策子系统的行为决策和运动规划等功能。

(二)分层体系架构

不同的自动驾驶应用需要不同类型和更新频次的地图数据,自动驾驶地图数据的分类和分层是构建自动驾驶地图数据模型结构的基础。日本自动驾驶项目动态地图数据分层如图 3-2 所示。综合各国及各企业对智能交通的动态地图数据分层标准规范研究的成果,可将自动驾驶地图数据分成 4 个层次,如表 3-1 所示。

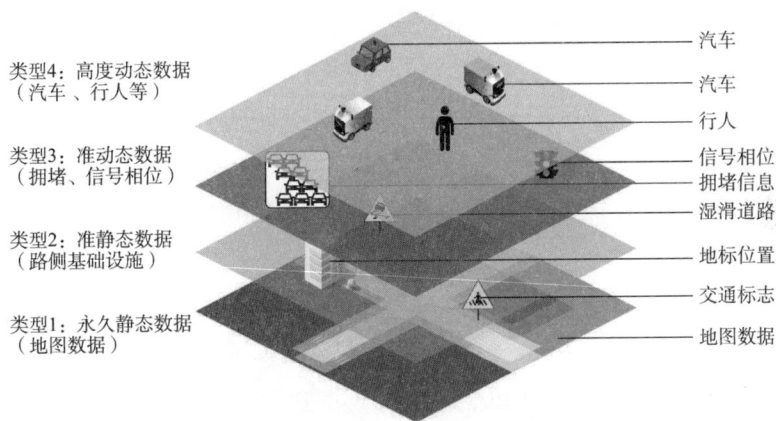

图 3-2 日本自动驾驶项目动态地图数据分层结构

自动驾驶地图数据分层结构 表 3-1

数据类型	数据内容	更新频次	获取方式
类型 1:永久静态数据	道路拓扑结构 道路基础设施数据:道路 ID 编号、道路位置、道路形状 道路基础设施属性数据:收费站位置、涵洞限高、桥梁限重	month 级别	由地图提供商通过车载传感器设备感知识别后制作或由地图数据管理部门提供,在地图云平台共享

数据类型	数据内容	更新频次	获取方式
类型2:准静态数据	交通标志位置及含义 交通信号灯位置 兴趣点(POI)位置 地标性建筑位置	day/month级别	由地图提供商通过车载传感设备感知识别后制作或由交通管理部门提供,在地图云平台共享
类型3:准动态数据	临时性交通标志数据:专用车道、车道方向、车道封闭、车道限速 交通控制数据:信号灯相位和配时 交通状况数据:道路障碍物、道路能见度交通流量(交通拥堵)、交通事故、道路施工、危险道路、道路行人 道路性能数据 道路气象数据	s/min级别	由车载传感器设备或路侧传感设备采集并识别后上传,或由交通管理部门直接提供,在地图云平台共享,车载终端通过V2I车路协同通信或蜂窝移动通信获得
类型4:高度动态数据	道路目标物识别数据 车辆位置数据 车辆行驶数据:速度、方向、停止 车辆操作数据:启动、加速、减速、转弯、换挡 行人位置数据	10ms级别	通过车载传感设备采集并识别获得,或通过V2X协同通信交换获得,存储在车载计算平台

二、高精度地图的创建、制作和共享

高精度地图技术的实现一般需经过环境感知地图创建、高精度车辆定位、高精度静态地图制作以及动态地图数据更新与共享四个步骤。其中,环境感知地图创建和高精度车辆定位主要是利用同步定位与地图创建(SLAM)技术。

(一)同步定位与地图创建

同步定位与地图创建(SLAM),也叫同步定位与映射,最初用于机器人在自身位置不确定的条件下,在完全未知的环境中创建地图,同时利用地图进行自主定位和导航。

SLAM需要回答以下一系列问题:我刚才在哪里,现在在哪里? 我看到了什么,现在看到的和之前看到的有哪些异同? 我还能跟踪到自己的轨迹吗? 如果我丢了应该怎么办? 我能在已有的抽象世界里快速对我现在的位置进行定位吗?

SLAM有两种实现形式,一种是以激光雷达作为传感设备,获得周围空间的点云数据,并在车辆行驶的过程中,创建车辆周边环境的3D空间模型;另一种是以摄像头作为传感设备,即通过视觉同步定位与地图创建(VSLAM)创建周边环境模型。

基于激光雷达的 SLAM 对非结构化道路的识别比较有效,非结构化道路是指非规则的道路或缺少道路标志的道路,如没有车道线,没有明显的路沿的乡村土路等;而 NSLAM 对结构化道路的识别更有效。

通过对车载传感设备所采集到的车辆环境和交通运行环境感知数据进行处理,可获取道路基础设施、道路目标物和交通运行环境信息,结合 SLAM 技术获得的道路基础设施、道路目标物和交通运行数据,可用于创建车辆环境感知地图、进行高精度的车辆定位,来辅助驾驶决策的路径规划、行为决策和运动规划。

1. 基于 SLAM 技术的车辆环境感知地图创建

基于 SLAM 技术的车辆环境感知地图创建如图 3-3 所示。通过卫星定位系统获得一般精度的车辆位置信息,依靠车载传感设备(激光雷达、毫米波雷达与摄像头)获得与沿线固定地标性建筑的相对位置信息,再结合 SLAM 技术可创建车辆环境感知地图。

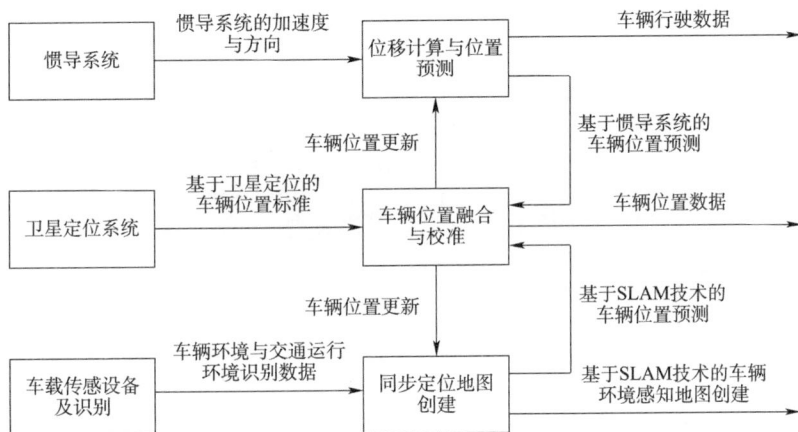

图 3-3 基于 SLAM 技术的车辆环境感知地图创建

利用激光雷达、毫米波雷达和摄像头等车载传感设备,获取车辆环境与交通运行环境识别数据。车辆环境数据包括基础设施(道路、桥梁、立交桥、隧道、交叉路口、车道线和道路沿线等)和动态道路目标物(车辆、行人、道路障碍物等);交通运行环境识别数据包括交通信号灯、交通标志和交通状况等。利用 SLAM 技术将车载传感设备所获取的数据进行处理,可对车辆位置进行预测。

利用惯性导航系统可输出车辆加速度和运动方向的信息,计算车辆的位移,结合车辆各个时刻的位置信息,预测车辆当前的位置。利用卫星定位系统提供的高精度车辆位置信息,可校准并更新车辆位置,消除惯性导航系统累积产生的车辆定位误差。

基于车载传感设备及 SLAM 技术预测的车辆位置数据与基于惯导系统预测的车辆位置数据融合后,通过卫星定位系统进行位置校准,可获取更精准的实时车辆位置数据并创建实时的 3D 车辆环境感知地图。车辆在行驶过程中,SLAM 技术根据已创建的车辆环境感知地图的历史数据,可以进行下一步新的车辆位置预测,它与惯导系统预测的新车辆位置数据和卫星定位系统校准的车辆位置数据融合,获得新的高精度车辆位置数据,并据此创建新的车辆环境感知地图,如此不断地重复与迭代。

2. 基于 SLAM 技术的高精度车辆定位

将车辆环境感知地图与高精度地图匹配分析,可确定固定地标建筑及其高精度的位置信息。通过计算可反推车辆的高精度位置信息,再通过高精度地图,可以了解车辆所处的高精度车道位置,即完成高精度的车辆定位。

在基于 SLAM 技术的前提下,即使一段时间内,卫星定位系统因为某种原因不能提供一般精度的车辆位置信息,通过对 SLAM 技术创建的车辆环境感知地图与高精度地图的匹配分析,也可获得高精度的车辆位置信息。

高精度车辆定位信息可用于实现自动驾驶决策子系统的运动规划功能。

(二)高精度静态地图的制作

永久静态数据和准静态数据的获取途径主要有两种:一是地图提供商通过地图采集车沿路采集数据;二是地图提供商与整车厂进行合作,采用地图数据共建共享或社会化众包模式,通过用户车辆采集数据。这两种获取途径可独立使用,亦可同时并行。

高精度静态地图数据采集生态环境如图 3-4 所示。

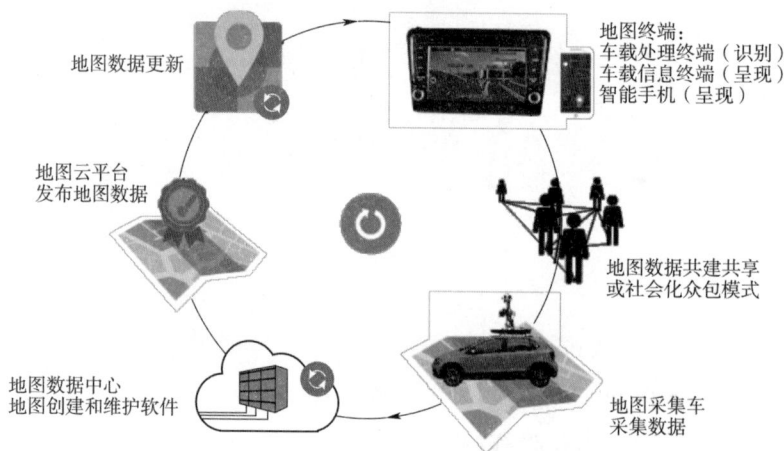

图 3-4　高精度静态地图数据采集生态环境

地图采集车所采集的数据将被传输到地图数据中心,并利用地图创建和维护软件、地图数据库检索和图像匹配处理软件对所采集到图像中的标示牌、店铺名称等进行自动标记,自动标记完成后需要专业人员进行校验。

辅助驾驶和有条件自动驾驶级别的地图采集车主要配备前视和环视摄像头传感器以及高精度卫星定位接收系统与惯导系统。高度自动驾驶或完全自动驾驶级别的高精度地图采集车,在辅助驾驶和有条件自动驾驶级别的地图采集车的基础上,增加了 360° 扫描式激光雷达。扫描式激光雷达及识别技术主要是感知和识别道路基础设施的位置(通过检测其距离和方向,然后计算获得)和形状等静态地图数据和永久性交通标志的位置等准静态数据。

用户车辆所采集到的数据,则会在车载处理终端进行预处理和压缩,再传输到地图数据中心,对用于自动驾驶的特征性数据(如道路基础设施、交通标志、交通信号灯和地标性建筑及其拓扑结构、位置、形状、属性和编号等)进行提取和处理,并对其可靠性进行标注,为未来数据元素的更新提供依据。

采集并标记后的数据通过地图云平台进行发布,但在对地图数据进行更新时,若新发布信息与原地图存在差异,则需通过自动识别差分融合技术进行更新。

更新后的地图信息将被发送到地图终端。此后,当车辆进入到一定区域,地图云平台只需将该区域与车载地图数据库有差异的地图数据下载下来。

同时,在车辆自动驾驶期间,需要通过车载传感设备采集数据,与车载地图数据进行匹配和比对分析。如果车辆感知到的地图数据元素与车载地图不一致,需将这些存在差异的数据元素上传到地图云平台,地图云平台根据该数据元素的可靠性标注,决定是否在地图云平台数据库中更新该数据元素。用于数据上传或下载的通信手段有多种,包括3G、4G、5G、LTE-V2X 等。

(三)动态地图数据更新与共享

1. 准动态地图数据的采集与发布
准动态地图数据的采集与发布功能如图 3-5 所示。

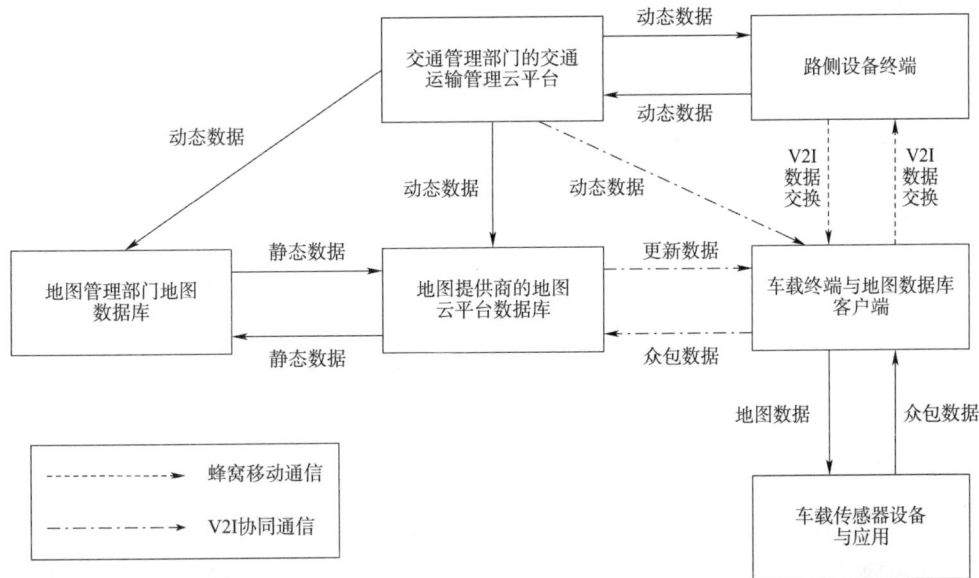

图 3-5　准动态地图数据的采集与发布功能图

准动态地图数据的发布主体有两个,一个是交通管理部门的交通运输管理云平台,另一个是地图提供商的地图云平台。交通运输管理云平台的数据来源包括交通管理部门提供的临时性交通标志和交通控制等交通管理数据,由路侧传感设备采集并上传到交通运输管理云平台的交通状况、道路性能和道路气象等交通运行数据。地图云平台的数据来源主要包括通过车载传感设备采集识别后,经蜂窝移动通信以众包方式上传到地图云平台的交通状况、道路性能和道路气象等交通运行数据。

准动态地图数据的发布方式有两种,一个是 V2I 车路协同通信,另一个是蜂窝移动通信,具体见表 3-2。

准动态数据的采集与发布   表 3-2

发布方式	发布主体	
	交通管理部门	地图提供商
V2I 车路协同通信	由交管运输管理云平台通过 V2I 车路协同通信方式发布数据,不必将数据上传到地图云平台,需要交通管理部门运维路测设备终端	不适用
蜂窝移动通信 (4G/5G)	数据来源于交通管理部门,除了需要报到"刷卡"或响应时间较短的应用,可能替代大部分交管部门主导的网联驾驶或网联自动驾驶,蜂窝移动通信基站由运营商运维	需要不断由交通管理部门或车辆众包更新地图云平台的数据,蜂窝移动通信基站由运营商运维

V2I 车路协同通信是交通管理部门发布准动态数据的一种方式,交通运输管理云平台的数据通过路侧设备终端将交通运行数据发送到车载终端,并以广播方式发布,不需要将数据上传到动态地图云平台后再下载到车载终端,V2I 车路协同通信为网联驾驶或网联自动驾驶提供决策依据。

蜂窝移动通信是交通管理部门发布准动态数据的另一种方式,交通管理部门云平台直接通过蜂窝移动通信与车载终端相连接。随着 4G-LTE、5G 移动通信技术和车载终端处理能力的发展,除了那些需要报到"刷卡"的网联驾驶应用(如 ETC 和路边检查等)和响应时间较短的网联驾驶应用(如交叉路口警告应用),蜂窝移动通信方式将是未来交通管理部门发布准动态数据的主要方式,技术上可以替代大部分 V2I 车路协同通信。

蜂窝移动通信和 V2I 车路协同通信根本区别是前者的无线基站由网络运营商运营,后者的路侧设备终端(相当于 V2I 协同通信的基站)由交通管理部门运营。运营、维护和管理成千上万的 V2I 基站不是交通管理部门的优势所在,随着 5G 的到来,这两类基站可能完全融合,全部由网络运营商运营。运营商在未来网联驾驶或网联自动驾驶的准动态数据发布或传送方面,可以发挥主要的作用。

2. 高度动态数据的采集与发布

高度动态数据主要是识别后的车辆环境、车辆位置、车辆行驶、车辆操作和行人位置等道路目标物数据,它存储于车载终端(车载计算平台)创建的实时车辆环境感知地图中。

高度动态的道路目标物数据与通过车载传感设备、路侧传感设备、交通运输管理云平台和 V2X 协同通信获得的实时道路基础设施数据和交通运行数据,以及与从地图云平台获得的高精度地图的历史静态数据、准静态数据和准动态数据,通过 SLAM 技术进行融合,并基于车载计算平台构建实时的车辆环境地图。

V2X 将车辆位置、车辆行驶(位置和速度)、车辆操作数据和行人位置以广播方式通知其他相关车辆,每辆车在车载终端的动态地图上不断更新周边车辆的位置和行人位置等信息,可创建一张不断实时更新的车辆环境感知地图。通过一定算法,本车可获得与周边车辆和行人等道路目标物的相对运动速度和轨迹,当与某辆汽车等道路目标物的相对运动速度和轨迹出现异常,可能导致两车碰撞时,将通知驾驶人或自动驾驶决策系统,采取相应的避撞措施。

基于 V2X 协同通信的高度动态的道路目标物数据交换,是对自主式自动驾驶车载传感设备的车辆环境和交通运行环境感知与识别的有效补充。由于车载传感设备只能在可视范围内进行感知,在面对非视距的复杂路况时,如在没有交通信号灯的岔路口,或处于山顶、峡谷底或紧急转弯的道路,车载传感设备可能存在感知盲区,不能有效识别车辆环境和交通运行环境。因此,基于 V2X 协同通信的高度动态数据交换是网联自动驾驶必不可少的环境感知工具。

(四)高精度地图与普通导航地图的区别

高精度地图最重要的特征是精度高。普通的导航电子地图的绝对坐标精度大约在 10m,加上 GPS 设备的定位精度也在 10m 左右,这就是说普通的导航地图 (如手机 App 电子地图)只能达到“米级”精度。对于驾驶人来说,电子地图的主要作用是导航,包括从 A 地到 B 地的路径规划、车辆和道路的匹配等,这样的精度已经足够了。但对于汽车的自动驾驶,需要的是高精度地图才能满足要求。自动驾驶需要精确地知道自己在路上的位置,往往车辆离路肩和旁边的车道也就几十厘米左右,所以高精度地图的绝对坐标精度一般都会在亚米级,也就是 1m 以内的精度,而且横向的相对精度(比如车道与车道、车道与车道线的相对位置精度)还要更高,需要达到厘米级精度,这对自动驾驶汽车至关重要。高精度地图与普通导航地图的区别如下。

(1)导航地图是面向驾驶人,供驾驶人使用的地图数据,而高精度地图是面向自动驾驶系统,供自动驾驶汽车使用的地图数据。

(2)导航地图会描绘出道路,部分道路会区分车道;高精度地图不仅会描绘道路,对一条道路上有多少条车道也会精确描绘,能够真实地反映出道路的实际样式。

(3)导航地图不能把道路形状的细节完全展现;高精度地图为了让自动驾驶系统更好地识别交通情况,从而提前做出行驶方案,会把道路形状的细节进行详细、精确展示,哪些地方变宽、变窄,会和真实道路完全一致。

(五)高精度地图的应用

1. 高精度定位

把自动驾驶汽车上传感器感知到的环境信息与高精度地图进行对比,得到车辆在地图中的精确位置,这是路径规划与决策的前提。

2. 辅助环境感知

在高精度地图上标注详细道路信息,辅助汽车在感知过程中进行验证。如车辆传感器感知到前方道路上的坑洼,可以跟高精度地图中的数据进行对比,如果地图中也标记了同样的坑洼,就能起到验证判断的作用。

3. 规划与决策

利用云平台了解传感器感知不到区域 (如几千米外)的路况信息,以提前避让。

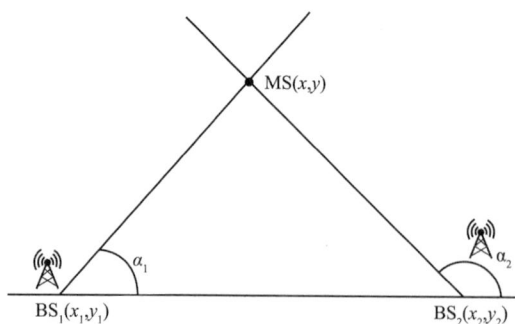

第2节　智能网联汽车高精度定位技术

一、地面无线电定位技术

地面无线电定位技术即蜂窝无线定位技术。现有无线定位系统基本都是采用相同或相似的定位方法和技术，绝大多数都是通过计算目标移动台的位置来定位，计算位置时需要用到的定位参数是通过测量传播于多个基站和移动台之间的定位信号获得。常用的无线定位方法主要有 AOA 定位、TOA 定位、TDOA 定位等。

1. AOA 定位

信号到达角度（AOA）定位方法也称方位测量定位方法，是由两个或多个基站接收到移动台的角度信息，然后利用其计算移动台的位置，如图 3-6 所示。

假设有两个基站 BS_1 和 BS_2，α_1 和 α_2 分别是移动台 MS 到两个基站 BS_1 和 BS_2 的达到角度，则：

$$\tan\alpha_i = \frac{x - x_i}{y - y_i} \tag{3-1}$$

求解式（3-1），可估算出移动台位置 (x, y)。

2. TOA 定位

TOA 是基于时间的定位方法，称为圆周定位。它是通过测量两点间电波传播时间来计算移动台的位置。如果能够获取三个以上基站到移动台的传播时间，那么移动台在以 (x_i, y_i) 为圆心，以 ct_i（c 为光速，t 为时间）为半径的圆上，就能得出移动台的位置，如图 3-7 所示。

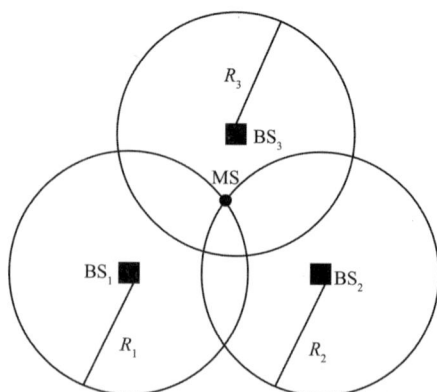

图 3-6　AOA 定位原理

图 3-7　TOA 定位原理

BS_1、BS_2、BS_3 是三个基站，R 表示基站 i 与移动台 MS 之间的直线距离，则移动台应该位于半径为 R、圆心在基站 i 所在位置的圆周上。记移动台的位置坐标为 (x_0, y_0)，基站位置的

坐标为(x_i, y_i),则两者之间满足如下关系:

$$(x_i - x_0)^2 + (y_i - y_0)^2 = R_i^2 \qquad (3-2)$$

在实际无线电定位中,已知电磁波在空中的传播速度c,如果能够测得电磁波从移动台到达基站i的时间 TOA 为t,则可以求出基站与目标移动台的距离$R = ct_i$,在式(3-2)中,取$i = 1, 2, 3$,可以求得移动台位置坐标(x_0, y_0)。

3. TDOA 定位

TDOA 定位也称双曲线定位,定位原理如图 3-8 所示。它是利用移动台到达不同基站的时间不同,获取到达各个基站的时间差,建立方程组,求解移动台位置,这种定位要求各个基站时间必须同步。移动台位于以两个基站为交点的双曲线上,通过建立两个以上双曲线方程,求解双曲线交点即可得到移动台的二维坐标位置。

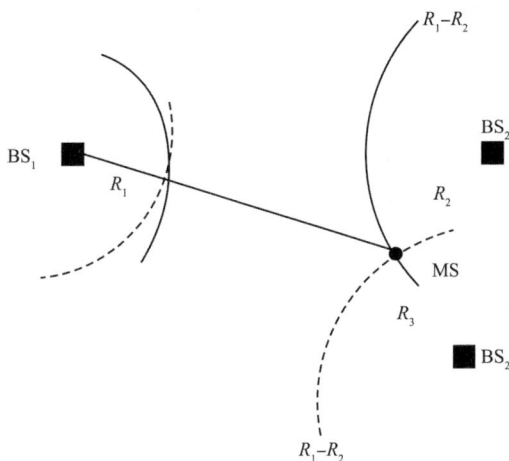

图 3-8　TDOA 定位原理

基站与移动台之间距离差通过测量信号从两个基站同时出发到达移动台或从移动台出发到达两基站的时间差t_{21}和t_{31}来确定,即$R_{21} = R_2 - R_1 = c \times t_{21}$,$R_{31} = R_3 - R_1 = c \times t_{31}$。移动台坐标$(x_0, y_0)$和基站坐标$(x_i, y_i)$ $(i = 1, 2, 3)$之间的关系为:

$$\left[\sqrt{(x_0 - x_2)^2 + (y_0 - y_2)^2} - \sqrt{(x_0 - x_1)^2 + (y_0 - y_1)^2} \right]^2 = R_{21}^2 \qquad (3-3)$$

$$\left[\sqrt{(x_0 - x_3)^2 + (y_0 - y_3)^2} - \sqrt{(x_0 - x_1)^2 + (y_0 - y_1)^2} \right]^2 = R_{31}^2 \qquad (3-4)$$

求解式(3-3)和式(3-4)能获得移动台坐标,然后根据先验信息,消除位置的模糊性,求得移动台的真实位置。TDOA 定位法是目前各种蜂窝网络中主要采用的定位方法。

4. 混合定位

混合定位技术就是把各种不同的测量信息和特征值进行融合对移动台进行定位的技术。常见的混合定位技术有 TDOA/AOA、TDOA/TOA、TOA/AOA、TDOA/场强定位等。场强定位的基本原理与到达时间定位原理相似,移动台利用接收到的场强值大小来求解移动台的位置。场强定位容易受到外界周围环境的影响,定位精度不高。

二、卫星定位技术

卫星导航系统能够为地球表面和近地空间的广大用户提供全天时、全天候、高精度的定位、导航和授时服务,是拓展人类活动、促进社会发展的重要空间基础设施。卫星导航正在使世界政治、经济、军事、科技、文化发生巨大变化。

(一)GPS 定位系统

GPS 全称卫星授时测距导航系统(Navigation System Timing and Ranging, NAVSTAR)或全球定位系统(Global Positioning System, GPS),是具有在海、陆、空进行全方位、实时三维导航与定位功能的一种卫星导航与定位系统。

GPS 系统起始于 1958 年美国军方的一个项目,1964 年投入使用。20 世纪 70 年代,美国陆海空三军联合研制了新一代卫星定位系统 GPS,主要为陆、海、空三大领域提供实时、全天候和全球性的导航服务,并用于情报搜集、核爆监测和应急通信等一些军事目的。经过 20 余年的研究实验,耗资 300 亿美元,到 1994 年,全球覆盖率高达 98% 的 24 颗 GPS 空间卫星星座已布设完成。

1. GPS 系统组成

GPS 系统主要由空间卫星星座、地面监控系统、用户接收设备三部分组成,如图 3-9 所示。

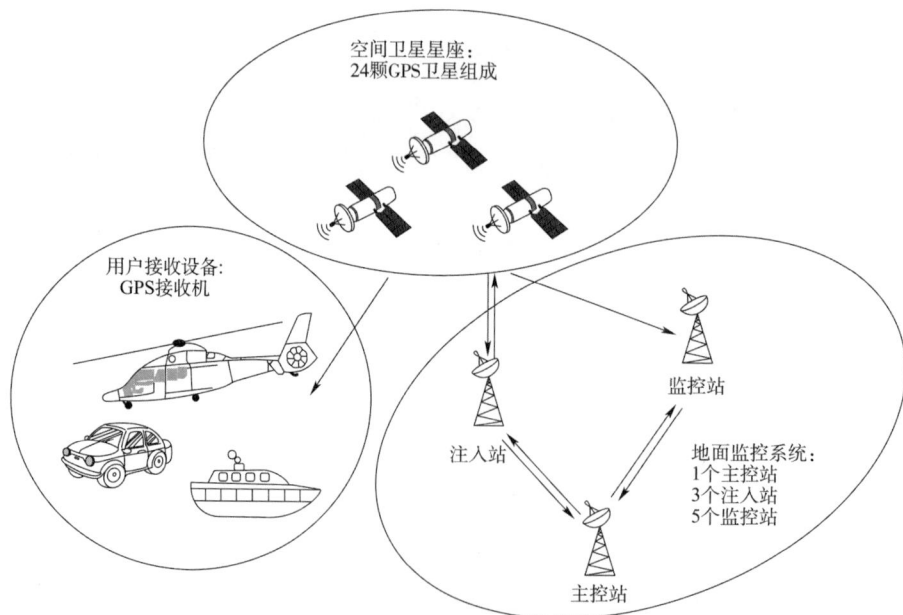

图 3-9 GPS 系统的组成

(1)空间卫星星座部分负责提供星历和时间信息、发射伪距和载波信号、提供其他辅助信息。它是由 24 颗卫星(21 颗工作卫星、3 颗备用卫星)组成的,如图 3-10 所示。空间卫星星座位于距地表20200km的上空，运行周期为12h，以每个轨道面4颗卫星、轨道倾角为55°的方式均匀分布在6个轨道面上，可以最大限度地保证在全球任何地方、任何时间都可捕获到至少4颗卫星的信号，并能在卫星中预存导航信息。另外，每颗GPS卫星都可发送两个频率的载波信号：一种信号是民码，抗干扰能力比较差，供民用用户使用，用户可自由接收；另一种信号是军码，抗干扰能力比较强，供军用接收机修正电离层误差，采取加密手段，不能随意接收。

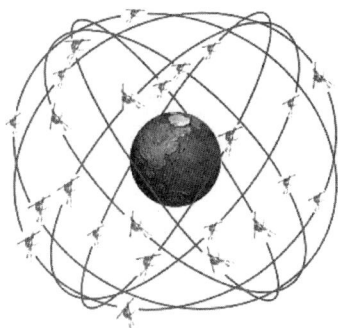

图3-10　GPS卫星星座

（2）GPS地面监控系统由1个主控站、3个注入站、5个监控站组成。主控站位于美国科罗拉多·斯平士（Colorado Springs）的联合空间执行中心（CSOC）；3个注入站分别设在大西洋的阿松森岛（Ascension）、印度洋的迪戈伽西亚岛（Diego Garcia）、太平洋的卡瓦加兰岛（Kwajalein）这三个美国军事基地上；5个监控站则分别设在主控站、3个注入站以及夏威夷岛上。地面监控系统负责对空间卫星系统进行监测、控制，并向每颗卫星注入更新的导航电文。其中，监控站负责获取卫星数据、采集气象信息，并将所收集到的数据传送至主控站；主控站负责协调地面控制系统各部分的工作，收集各监控站的数据，编制导航电文，控制或调度卫星，并进行卫星维护和异常情况处理；注入站则负责将主控站编制的导航电文等控制信息注入每颗卫星。地面监控系统工作流程如图3-11所示。

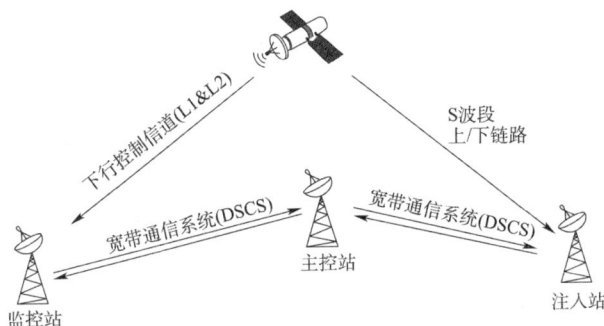

图3-11　地面监控系统工作流程

（3）用户接收设备部分主要由用户和接收设备（GPS接收机）组成。GPS接收机主要负责跟踪、接收、放大、处理卫星信号，测量出信号从卫星到天线的传播时间，解译导航电文，实时解算测站三维位置。按用途不同，可将GPS接收机分为导航型、授时型和测地型三类，如图3-12所示。

a）导航型

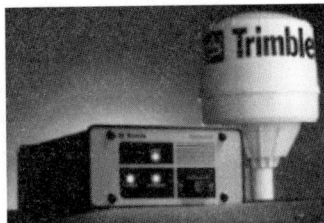

b）授时型

c）测地型

图3-12　GPS接收机类型

各类型接收机的应用及特点见表3-3。

各类型接收机的应用及特点 表3-3

类型	应用	特点
导航型接收机	用于运动载体的导航,分为车载型、航海型和星载型	能够实时给出载体的位置和速度,价格便宜,应用广泛
授时型接收机	用于精密大地测量和精密工程测量	定位精度高,仪器结构复杂,价格较贵
测地型接收机	用于天文台及无线电通信	利用GPS卫星提供的高精度时间标准进行授时

2. GPS系统原理

由于卫星的位置是精确可知的,那么若想求得测站点的位置(X_0, Y_0, Z_0),可利用三维坐标中的距离公式,计算出卫星到GPS接收机天线中心的距离P。又因为测站点的位置(X_0, Y_0, Z_0)均为未知数,若仅有一颗卫星,只能列出一个方程式,显然是无法求得3个未知数的值的,那么就需要利用3颗卫星,组成3个方程式,解出观测点的位置(X_0, Y_0, Z_0)。也就是说,利用3个以上卫星的已知空间位置,可求得地面待定点(GPS接收机)的位置,这就是GPS卫星定位的基本原理。

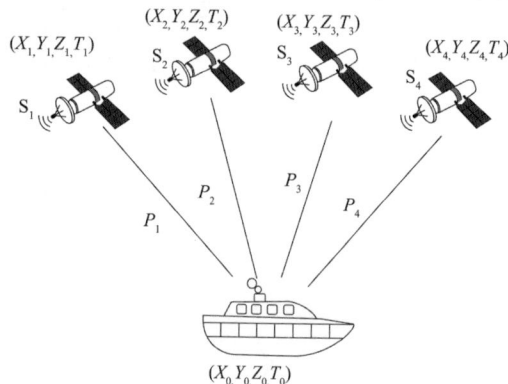

图3-13 GPS的原理

另外,考虑到卫星的时钟与GPS接收机时钟之间的误差,实际上有4个未知数,X_0,Y_0,Z_0和钟差,因而需要引入第4颗卫星,形成4个方程式进行求解,从而得到观测点的经纬度和高程,如图3-13所示。观测点位置的求解过程如下($i=1$、2、3、4):由三维坐标中的距离公式可知:

$$P_i = \sqrt{(X_i - X_0)^2 + (Y_i - Y_0)^2 + (Z_i - Z_0)^2} \tag{3-5}$$

另外,GPS卫星在发送位置信息的同时,也会附加上该数据包发送时的时间戳T,GPS接收器收到数据包后,用当前时间T。(GPS接收器接收到信息的时间)减去时间戳上的时间T,就是数据包在空中传输所用的时间。此时,用数据包在空中的传输时间乘以传输速变就是数据包在空中传输的距离,也就是该卫星到GPS接收器的距离P。同时,因为数据包是通过无线电波传送的,无线电的传输速度即光速c,由此可得卫星到GPS接收器的距离计算公式为:

$$P_i = c(T_0 - T_i) \tag{3-6}$$

结合式(3-5)和式(3-6)可得:

$$P_i = \sqrt{(X_i - X_0)^2 + (Y_i - Y_0)^2 + (Z_i - Z_0)^2} = c(T_0 - T_i) \tag{3-7}$$

$$(X_i - X_0)^2 + (Y_i - Y_0)^2 + (Z_i - Z_0)^2 = [c(T_0 - T_i)]^2 \qquad (3\text{-}8)$$

此时,通过 4 颗卫星的位置信息,可以得到 4 个方程式(3-9),求解 4 个方程式即可进行测站点的定位。

$$\begin{cases} (X_1 - X_0)^2 + (Y_1 - Y_0)^2 + (Z_1 - Z_0)^2 = [c(T_0 - T_1)]^2 \\ (X_2 - X_0)^2 + (Y_2 - Y_0)^2 + (Z_2 - Z_0)^2 = [c(T_0 - T_2)]^2 \\ (X_3 - X_0)^2 + (Y_3 - Y_0)^2 + (Z_3 - Z_0)^2 = [c(T_0 - T_3)]^2 \\ (X_4 - X_0)^2 + (Y_4 - Y_0)^2 + (Z_4 - Z_0)^2 = [c(T_0 - T_4)]^2 \end{cases} \qquad (3\text{-}9)$$

按定位方式,GPS 定位分为单点定位和相对定位(差分定位)。单点定位就是根据一台接收机的观测数据来确定接收机位置的方式,它只能采用伪距观测量,可用于车船等的概略导航定位。相对定位(差分定位)是根据两台以上接收机的观测数据来确定观测点之间的相对位置的方法,它既可采用伪距观测量,也可采用相位观测量。

在 GPS 观测量中往往包含多种误差,如图 3-14 所示。但是在进行相对定位时大部分公共误差会被抵消或削弱,定位精度将大大提高,双频接收机可以根据两个频率的观测量抵消大气中电离层误差的主要部分,在精度要求高,接收机间距离较远(大气有明显差别)时,应使用相对定位(差分定位)法。

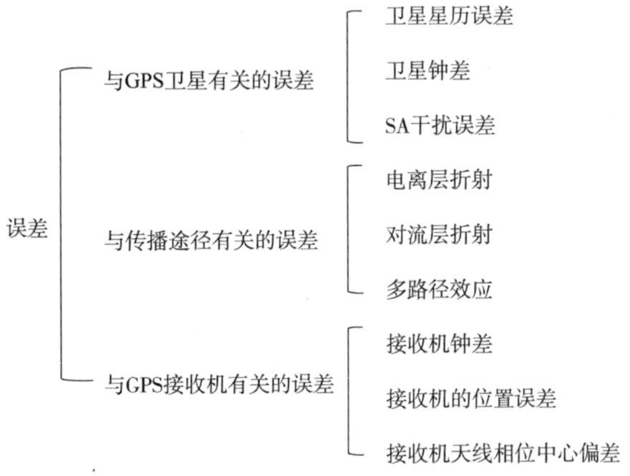

图 3-14　GPS 观测量中的误差

3. GPS 系统特点

(1)全球全天候定位。GPS 卫星的数目较多,且分布均匀,保证了地球上任何地方、任何时间至少可以同时捕获到 4 颗 GPS 卫星信号,确保实现全球全天候连续的导航定位服务。

(2)定位精度高。GPS 系统采用单点定位法时,精度优于 10m;采用差分定位法时,精度可达厘米级和毫米级。

(3)观测时间短,作业效率高。20km 以内相对静态定位,仅需 15 ~ 20min,快速静态相对定位测量时,当每个流动站与基准站相距在 15km 以内时,流动站观测时间只需 1 ~ 2min;采取实时动态定位模式时,每站观测仅需几秒钟。

(4)测站间无需通视。GPS 测量只要求测站上空开阔,不需要测站之间互相通视,因而不再需要建造规标,可大大减少测量工作的工作量和经费(一般造标费用约占总经费的

30%~50%），同时也使选点工作变得非常灵活。

（5）仪器操作简便。GPS接收机不断改进，GPS测量自动化程度越来越高，在观测中测量员只需安置仪器，连接电缆线，量取天线高，监视仪器的工作状态，而其他观测工作，如卫星信号的捕获，跟踪观测和记录等均由仪器自动完成。结束测量时，仅需关闭电源，收好接收机，便可完成野外数据采集任务。如果在一个测站上需作长时间的连续观测，还可以通过数据通信方式，将所采集的数据传送到数据处理中心，实现全自动化的数据采集与处理。另外，接收机体积越来越小，重量越来越轻，极大地减轻了测量工作者的劳动强度。

4. GPS系统的应用

GPS系统的应用可分为陆地、海洋、航空航天三个领域。

（1）陆地应用。GPS系统陆地应用主要有车辆导航、应急反应、大气物理观测、地球资源勘探、工程测量、变形监测、地壳运动监测、市政规划控制等。

（2）海洋应用。GPS系统海洋应用主要有远洋船最佳航程航线测定、船只实时调度与导航、海洋救援、海洋探宝、水文地质测量、海洋平台定位、海平面升降监测等。

（3）航空航天应用。GPS系统航天航空应用主要有飞机导航、航空遥感姿态控制、低轨卫星定轨、导弹制导、航空救援、载人航天器防护探测等。

（二）格洛纳斯系统

格洛纳斯（GLONASS）是俄语全球卫星导航系统的缩写，是苏联国防部从20世纪80年代初开始建设的与美国GPS相抗衡的全球卫星导航系统，与GPS系统原理、功能十分类似，耗资30多亿美元，现在由俄罗斯联邦航天局管理。

格洛纳斯是世界上第二个独立的军民两用全球卫星导航系统，可用于海上、空中、陆地等各类用户的定位、测速及精密授时。

1. 格洛纳斯系统组成

格洛纳斯系统由卫星星座、地面支持系统和用户设备三部分组成。

（1）卫星星座由24颗工作星和3颗备份星组成，均匀地分布在3个圆形的轨道面上，每个轨道面8颗卫星，轨道高度19100km。18颗卫星能保证该系统为俄罗斯境内用户提供全部服务。

（2）地面支持系统由系统控制中心、中央同步器、遥测遥控站（含激光跟踪站）和外场导航控制设备组成。地面支持系统的功能最初是由苏联境内的许多场地来完成。苏联解体后，格洛纳斯系统由俄罗斯联邦航天局管理，地面支持段已经减少到只有俄罗斯境内的场地了，系统控制中心和中央同步处理器位于莫斯科，遥测遥控站位于圣彼得堡、捷尔诺波尔、埃尼谢斯克和共青城。

（3）用户设备（即接收机）能接收卫星发射的导航信号，并测量其伪距和伪距变化率，同时从卫星信号中提取并处理导航电文。接收机处理器对上述数据进行处理并计算出用户所在的位置、速度和时间信息。

2. 格洛纳斯系统的特点

（1）格洛纳斯系统的单点定位精度水平方向为16m，垂直方向为25m。与GPS相比，格洛纳斯的导航精度相对较低,应用普及情况较差,但其最大价值在于抗干扰能力强。

(2)格洛纳斯系统采用频分多址(FDMA)方式,即根据载波频率来区分不同卫星;而GPS是码分多址(CDMA)的方式,即根据调制码来区分卫星。

(3)格洛纳斯系统采用了军民合用、不加密开放政策。

3. 格洛纳斯系统的应用

格洛纳斯系统主要应用于航空、航海交通安全与管理、大地测量与制图、地面交通运输实时监控、移动目标的异地时间同步、生态监测、野外搜寻与救生等。

(三)北斗卫星导航系统

中国北斗卫星导航系统(BeiDou Navigation Satellite System,BDS)是中国自行研制的全球卫星导航系统。是继美国全球定位系统(GPS)、俄罗斯格洛纳斯卫星导航系统(GLO-NASS)之后第三个成熟的卫星导航系统。

北斗卫星导航系统按照三步走的总体规划分步实施,如图 3-15 所示。其中,定位终端需发射信号的为有源定位,不发信号仅靠接收信号就能定位的为无源定位。1994 年启动北斗卫星导航试验系统建设,2000 年年底,建成北斗一号系统,向中国提供服务,即区域有源服务;2004 年启动北斗卫星导航系统建设,2012 年年底,建成北斗二号系统,向亚太地区提供服务,即区域无源服务;2020 年左右,建成北斗全球系统,向全球提供服务,即全球无源服务。

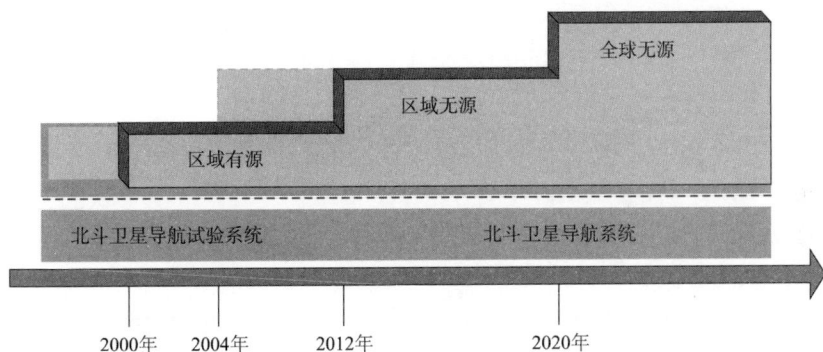

图 3-15 北斗卫星导航系统发展路线图

1. 北斗卫星导航系统组成

北斗卫星导航系统由空间段、地面段和用户段三部分组成。

(1)空间段由若干地球静止轨道卫星、倾斜地球同步轨道卫星和中圆地球轨道卫星三种轨道卫星组成混合导航星座。

(2)地面段包括主控站、时间同步/注入站和监测站等若干地面站,以及星间链路运行管理设施。

(3)用户段包括北斗兼容其他卫星导航系统的芯片、模块、天线等基础产品,以及终端产品、应用系统与应用服务等。

2. 北斗卫星导航系统主要功能

北斗卫星导航系统主要有定位、单双向授时、短报文通信这三大功能,其中短报文通信功能是其他全球导航卫星系统都不具备的。

北斗系统的快速定位功能为服务区域内的用户提供全天候、实时定位服务,定位精度与GPS相当。单双向授时,单向 100ns,双向 20ns。短报文通信一次可传送多达 120 个汉字的信息。

3. 北斗卫星导航系统的应用

随着北斗卫星导航系统建设和服务能力的发展,已形成了基础产品、应用终端、系统应用和运营服务比较完整的应用产业体系。相关产品已逐步推广应用到交通运输、海洋渔业、水文监测、气象预报、森林防火、通信时统、电力调度、救灾减灾等诸多领域,正在产生广泛的社会和经济效益。

(1)在交通运输方面,北斗卫星导航系统广泛应用于重点运输过程监控管理、公路基础设施安全监控、港口高精度实时定位调度监控等领域。

(2)在海洋渔业方面,北斗卫星导航系统为渔业管理部门提供船位监控、紧急救援、信息发布、渔船出入港管理等服务。

(3)在水文监测方面,北斗卫星导航系统成功应用于多山地域水文测报信息的实时传输,提高灾情预报的准确性,为制订防洪抗旱调度方案提供重要支持。

(4)在气象预报方面,北斗卫星导航系统成功研制一系列气象测报型北斗终端设备,启动"大气海洋和空间监测预警示范应用",形成实用可行的系统应用解决方案,实现气象站之间的数字报文自动传输。

(5)在森林防火方面,北斗卫星导航系统成功应用于森林防火,定位与短报文通信功能在实际应用中发挥了较大作用。

(6)在通信时统方面,北斗卫星导航系统成功开展北斗双向授时应用示范,突破光纤拉远等关键技术,研制出一体化卫星授时系统。

(7)在电力调度方面,成功开展基于北斗卫星导航系统的电力时间同步应用示范,为电力事故分析、电力预警系统、保护系统等高精度时间应用创造了条件。

(8)在救灾减灾方面,基于北斗卫星导航系统的导航定位、短报文通信以及位置报告功能,提供全国范围的实时救灾指挥调度、应急通信、灾情信息快速上报与共享等服务,显著提高了灾害应急救援的快速反应和决策能力。

北斗卫星导航系统助推中国卫星导航与位置服务产业开始进入新纪元,后续将为民航、航运铁路、金融、邮政、国土资源、农业、旅游等行业提供更高性能的定位、导航、授时和短报文通信服务。

(四)伽利略卫星导航系统

伽利略卫星导航系统(Galileo Satellite Navigation System),是由欧盟研制和建立的全球卫星导航定位系统,该计划于 1999 年 2 月由欧洲委员会公布,该系统是与美国全球导航定位系统(GPS)和俄罗斯的格洛纳斯系统(GLONASS)兼容的民用全球定位星系统。欧盟之所以进行"伽利略"计划,主要是为了摆脱对美国 GPS 系统的依赖,打破美国对全球卫星导航定位产业的垄断,在使欧洲获得工业和商业效益的同时,赢得建立欧洲共同安全防务体系的条件。

1. 伽利略系统组成

伽利略系统由空间、地面和用户这三部分组成。

(1)空间部分由 30 颗伽利略卫星组成(其中 3 颗为备用卫星),分布在 3 个高度为 23616 千米轨道倾角为 56° 的轨道上,每个轨道上有 9 颗工作卫星外加 1 颗备用卫星。备用卫星停留在高于正常轨道 300km 的轨道上。卫星使用的时钟是钟和无源氢钟,卫星上除基本的载荷外,还有搜索救援载荷和通信载荷。

(2)地面部分包括 2 个位于欧洲的伽利略控制中心和 20 个分布在全球的伽利略传感站,除此之外还有若干个用于实现卫星和控制中心数据交换功能的工作站。伽利略控制中心主要负责控制卫星的运转和导航任务的管理。20 个传感站通过通信网络向控制中心传送数据。

(3)用户部分即伽利略接收机,由导航定位模块和通信模块组成。

2. 伽利略系统的应用

伽利略系统的应用主要体现在基础服务、特殊服务和拓展服务三个方面。基本服务主要指导航、定位和授时;特殊服务主要指搜索与救援;扩展服务主要体现在飞机导航和着陆系统、铁路安全运行调度、海上运输系统、陆地车队运输调度、精准农业等方面的应用。

(五)四种卫星定位系统的参数和性能比较

GPS、GLONASS、北斗、Galileo 这四大卫星定位系统的参数及性能对比如表 3-4 所示。

四大卫星定位系统的参数及性能对比　　　　　　　　　　表 3-4

比较类目	GPS	GLONASS	北斗	Galileo
轨道倾角(°)	55	64.8	60	56
普通用户定位精度(m)	100	50	10	10
特殊用户定位精度(m)	10	16	1	1
通信	否	否	是	是
所用频段数目	2	2	3	≥3
信号	CDMA	FDMA	CDMA	CDMA
用户范围	军民两用,军用为主	军民两用,军用为主	军民两用,民用为主	军民两用,民用为主
优势	1. 全球全天候定位; 2. 定位精度高; 3. 观测时间短; 4. 测站间无需通视; 5. 仪器操作简便; 6. 可提供全球统一的三维地心坐标; 7. 应用广泛	打破了美国对卫星导航独家经营的局面,既可为民间用户提供独立的导航服务,又可与 GPS 结合,提供更好的精度几何因子(GDOP)	1. 同时具备定位与通信功能; 2. 自主系统,安全、可靠、稳定,保密性强,适合关键部门应用	1. 覆盖面积是 GPS 系统的两倍; 2. 地面定位误差不超过 1m,GPS 只能找到街道,而伽利略系统则能找到车库门; 3. 使用多种频段工作,在民用领域比 GPS 更经济、更透明、更开放

三、独立定位技术

最典型的独立定位技术是惯性导航系统(Inertial Navigation System,INS),简称惯导系统,它是一种不依赖于外部信息,也不向外部辐射能量的自主式导航系统。惯性导航系统是获取车辆行驶数据(车辆行驶的速度、加速度和方向)的主要手段,也是为自动驾驶提供实时性定位能力的关键技术。

(一)惯性导航系统的工作原理

惯性导航系统由惯性测量单元和计算单元组成。图 3-16 所示为惯性测量单元(IMU),它的核心部件是三轴陀螺仪(旋转运动传感器)和三轴加速度传感器。惯性测量单元能够测量运动物体的运动方向和在三个方向上的加速度。数据经过计算单元的处理,能够输出实时的高精度三维位置、速度、姿态信息。

三轴陀螺仪结构如图 3-17 所示。陀螺仪的工作原理是:当陀螺仪转子高速旋转时,由于具有惯性,它的旋转轴永远指向一个固定方向。因此,可以根据陀螺仪的惯性,测量运动物体在三个方向的角速度,通过对角速度与时间进行积分,可以计算得到运动物体的角度变化量,与初始角度相加,就可以得到运动物体当前的运动方向。

图 3-16　惯性测量单元　　　　图 3-17　三轴陀螺仪结构图

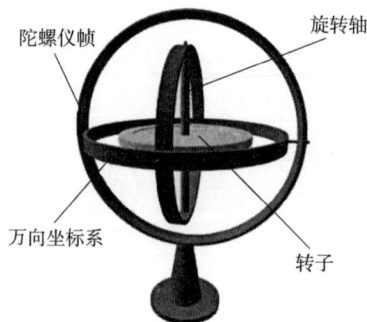

三轴加速度传感器主要测量运动物体在三个方向上的加速度,其工作原理是:对加速度传感器进行一次积分,以计算物体在三个方向上的运动速度;对物体每个时刻的运动方向和运动速度进行积分,可以获得物体的运动轨迹和行驶距离;结合物体的初始位置,得到运动物体的当前位置。

(二)惯性导航系统的优点

(1)不依赖于任何外部信息,也不向外部辐射能量的自主式系统,隐蔽性好,不受外界电磁干扰的影响。

(2)可全天候工作于空中、地球表面乃至水下。

(3)数据更新频率高,可达 1kHz,即在 1ms 刷新一次车辆位置信息。

(三) 惯性导航系统与卫星的融合定位

卫星定位系统加上地基增强系统对车辆的定位精度很高,一般可达厘米级。但是卫星定位系统也存在缺陷,一是卫星接收机若受到建筑物阻挡或在地下隧道中,就不能有效接收位置信息;二是卫星定位系统的位置更新频率大约为10Hz(100ms刷新一次位置信息,对于汽车126km/h的速度,行驶距离达3.5m),不能满足车辆的实时定位要求,自主式自动驾驶要求数据刷新的时间间隔不能大于10ms(对于126km/h的车速,10ms行驶距离为0.35m)。

惯性导航系统数据更新频率高,可达1kHz,每1ms可刷新一次车辆位置信息(对于汽车126km/h的速度,1ms行驶距离是3.5cm)。但是惯性导航系统也存在缺陷,惯性导航系统的行驶距离经过两次积分产生,定位误差随时间的累积而增大,其定位精度只能在很短的时间内有效。

利用惯性导航系统数据更新频率高的优点,可以弥补卫星定位系统数据刷新频率低的缺陷,满足车辆的实时性定位要求;利用卫星定位系统定位精度高的优点,定期(100ms)地校准惯性导航系统的定位信息,可以消除惯性导航系统的累积定位误差。

自动驾驶领域常利用卡尔曼滤波器综合卫星定位系统和惯性导航系统的定位优点,提供融合的、实时的、高精度的车辆定位能力。

惯性导航系统与卫星的融合定位原理如图3-18所示,它主要包括位置预测和位置更新(校准)两部分。首先,利用惯性导航系统输出车辆加速度和运动方向的信息,计算车辆的位移,结合车辆上个时刻的位置信息,预测车辆当前的位置,其车辆位置数据的更新频率为1kHz;其次利用卫星定位提供的高精度车辆位置信息,校准并更新车辆位置,消除惯性导航系统累积产生的车辆定位误差车辆位置校准更新的频率为10Hz。

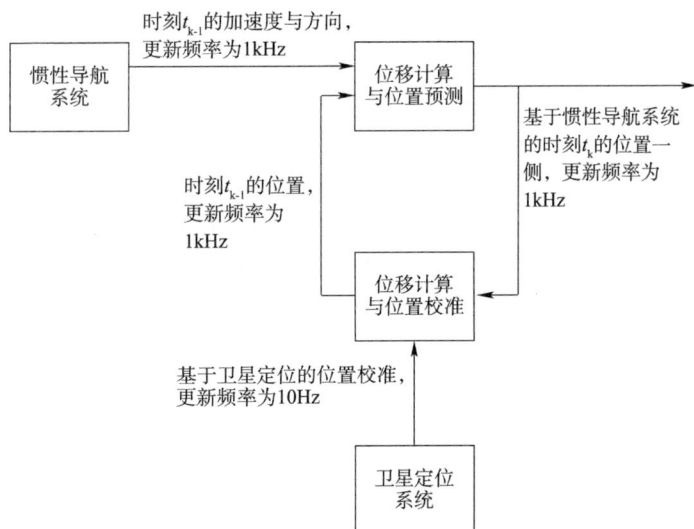

图3-18 惯性导航系统与卫星的融合定位原理

第3节　路径规划技术

一、环境模型建立的方法

(一)可视图法

可视图法首先将自主车辆视为一个点,然后连接起始点、障碍物和目标点的各个端点,再将其各个端点用直线连起来,然后路径规划问题就转化为从这些连线中寻找从起始点到目标点最短的线。如图 3-19 所示为带有两个障碍物的可视图,图中 s 为起始点,g 为目标点,O_1、O_2 为障碍物;图 3-20 所示为各端点连线之后的可视图。

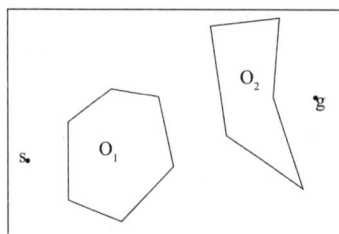

图 3-19　带有两个障碍物的可视图　　图 3-20　各端点连线之后的可视图

可视图法的优点是概念直观,实现简单;缺点是缺乏灵活性,一旦车辆的起始点和目标点发生改变,就要重新构造可视图,而且算法的复杂性和障碍物的数量成正比,且不是任何时候都可以获得最优路径。

(二)栅格法

栅格法是用栅格单元表示整个的工作环境,将自主车辆的连续工作环境离散化分解成一系列的网格单元。一般情况下,栅格大小与自主车辆的尺寸相同,尽量把自主车辆的工作环境划分为尺寸大小相同的栅格,但是也有尺寸大小不同的情况,主要还是根据实际情况来定。

自主车辆的整个工作环境划分后的栅格可分为自由栅格和障碍栅格两类。自由栅格指的是某一栅格范围内不含有任何障碍物;障碍栅格指的是这个栅格范围内存在障碍物,有的时候可能整个栅格内都布满障碍物,有的时候可能只有栅格的一部分是障碍物,但是只要有障碍物的存在就被称为障碍栅格。

在分类之后,所有自主车辆的工作环境都可以表示为自由栅格和障碍栅格。由于计算机处理信息的形式都是以二进制的形式进行的,因此我们为每个栅格都赋予一个被称为 CV 值的积累值,该值表示在此栅格中存在障碍物的可信程度,CV 值越大,表示障碍物在的可能性越高。通常情况下,CV 值为 1 表示该栅格为障碍栅格,CV 值为 0 表示该栅格为自由栅格。在路径搜索时自主车辆就只在自由空间内按照某个搜索算法进行搜索,最终规划出一条从起始点到目标点的无碰撞路径。如图 3-21 所示为用栅格单元表示的工作环境,图中灰色区域为障碍物;图 3-22 所示为规划后的路径,图中"▨"的路线表示得到的最优路径。

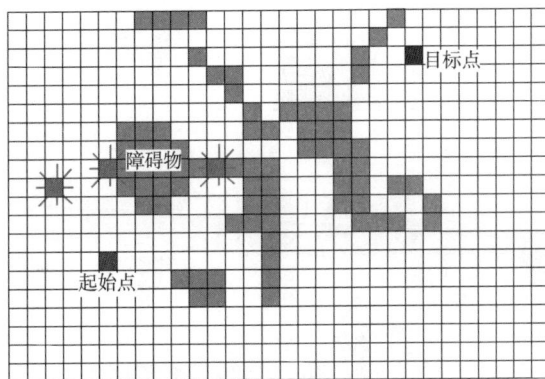

图 3-21　用栅格单元表示的工作环境

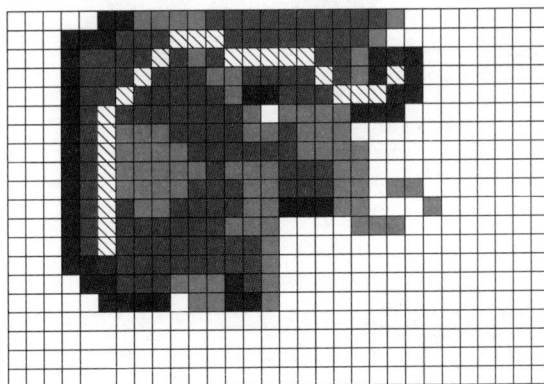

图 3-22　规划后的路径

栅格法的优点在于对环境空间的划分方法和操作比较简单,有一致的规则,较容易实现。但是由于连续的工作空间被划分为离散的栅格空间,没有考虑环境本身固有的一些特点,这就使得栅格属性代表的信息具有片面性,并且栅格法对栅格大小的划分有很大的依赖性,当栅格划分较小且当环境很复杂时,搜索空间会急剧增大,算法的效率就会相当低。

(三)自由空间法

自由空间法是采用预先定义的如广义锥形和凸多边形等基本形状构造自由空间,将自由空间表示为连通图,如图 3-23a)所示即是其中一个实例,然后通过搜索连通图来进行路径规划,如图 3-23b)、c)所示。

自由空间的构造方法是从障碍物的一个顶点开始,依次做其他顶点的链接线,删除不必要的链接线,使得链接线与障碍物边界所围成的每一个自由空间都是面积最大的凸多边形;连接各链接线的中点形成的网络图即为机器人可自由运动的路线。

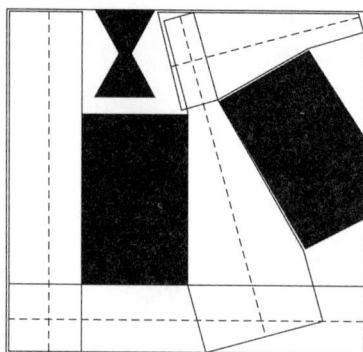

a) 有两个障碍和工作空间边界生成的广义锥形

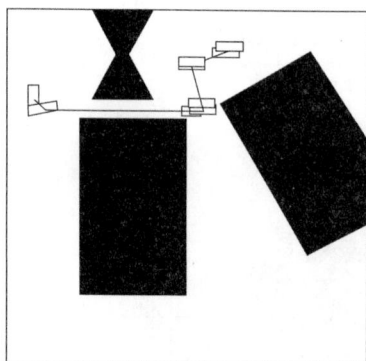

b) 由算法找到的路径1

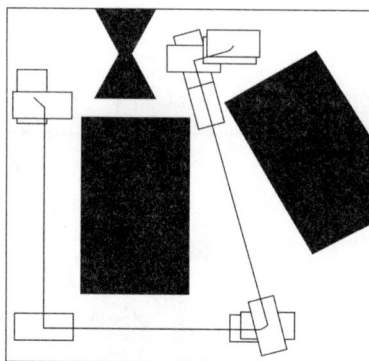

c) 由算法找到的路径2

图 3-23　自由空间法

　　自由空间法的优点是比较灵活,起始点和目标点的改变不会造成连通图的重构;缺点是算法的复杂程度与障碍物的多少成正比,且不是任何情况下都能获得最短路径。环境模型建立方法很多,可以根据具体情况选择,也可以把几种方法结合起来。

二、寻找最优路径的算法

(一)经典算法

1.迪杰斯特拉(Dijkstra)算法

　　迪杰斯特拉算法是最经典的路径搜索算法,寻找解的质量稳定,计算速度快。迪杰斯特拉算法使用全局搜索,不但能够保证在一个区域当中找到两个坐标之间的最短路径,而且能够找到区域中某一点到其他点中的最短路径。

　　迪杰斯特拉算法的基本思想:若每个点设都有一个坐标(d_j,p_j),其中d_i是原点 O 到某一点j的一条长度最短的路径;p_i则是d_i的前一个点。求解从原点 O 到某一点j的路径中最短的一条路径,其算法步骤如下。

　　(1)判断路径规划的可行性,即起始点和终点的选择是否可行,存储节点的容器是否正确,再将存放节点的容器初始化,然后把所有节点粘贴到临时缓存。

(2)首先查找离第一个节点最近的相关节点和两者之间的道路信息,并把它们都存储起来,然后查找与之距离最短的一个节点是不是终点。假如是终点,那么将节点存储起来,返回;若不是,则从暂时缓存中删除第一个节点,执行下一步操作。

(3)寻找离目前中间点最近的一个节点,将此节点存储起来。

(4)再次判断目前节点是不是线路规划的终点,假如是,则返回节点;若不是,则可以删除临时缓存中的已分析节点,重新回到步骤(3)。

迪杰斯特拉算法的核心方法就是对当前网络中存在的所有节点开始查找,找到第一个节点到任意一个节点的最短线路。这种方法并没有考虑到任何节点是否存在方向性,因此迪杰斯特拉算法具有比较好的计算可靠性、稳定性,但同时也存在着缺点,在范围较大的路径规划中,迪杰斯特拉算法计算效果不是很好。

2. A* 算法

A* 算法是一种静态路网中求解最短路径最有效的直接搜索方法,也是解决许多搜索问题的有效算法,算法中的距离估算值与实际值越接近,最终搜索速度就越快,它是一种启发式搜索策略。

所谓"启发式搜索"就是在状态空间中的搜索对每一个搜索的位置进行评估,得到最好的位置,再从这个位置进行搜索直到找到目标位置。这样可以省略大量无谓的搜索路径,提高了效率。在启发式搜索中,对位置的估价是十分重要的。采用不同的估价可以有不同的效果。

A* 算法充分运用问题域状态空间的启发信息,对问题求解选取比较适宜的估价函数,再利用估价函数的反馈结果,对它的搜索战略进行动态的调节,最终得到问题的最优解。A* 算法给出的估价函数为:

$$f(j) = h(j) + g(j) \tag{3-10}$$

式(3-10)中,$f(j)$ 为估价函数;$g(j)$ 为从原点到当前节点 j 的代价;$h(j)$ 为从当前节点 j 到目标节点之间的最小代价的估计函数。

当 $h(j) = 0$ 时,即 $h(j)$ 没有用到任何启发式信息,此种情况下,A* 算法会演变衰退为一般的 Dijkstra 算法。因此,在一般情况下,$h(j)$ 到底为何种样式应该按照待求问题的实际情况而定,但是它务必要使估价函数中的 $h(j)$ 项小于等于点 j 到目标节点的实际最小代价,根据这样的搜索策略,就肯定可以找到最优解。

在最短路径问题中,$h(j)$ 可选择为当前顶点到目标顶点的直线距离 $d(j)$,而 $g(j)$ 则选择为原点到当前节点的实际距离 $d*(j)$,则估价函数为:

$$f(j) = d*(j) + d(j) \tag{3-11}$$

A* 算法步骤如下。

(1)赋给初始值,初始化所有节点、临时缓存和关联容器。

(2)计算初始节点和各个相关节点的权值 $f(j)$,然后保存起来,从中获得权值最小的节点,并保存该节点,最后把它从节点存储器中去掉。

(3)计算该节点是不是终点,假如是终点就返回节点,若不是终点就接着计算下一步。

（4）获得所有的中间节点与相关节点的权值 $f(j)$，然后开始判断，假如这个节点没有保存，那么把这个节点存储起来；假如这个节点已经保存，比较这个节点的权值和已保存节点的权值大小，如果不大于已保存权值，则开始更新替换。

（5）查找中间点的关联节点中权值最小的一个节点，将该节点保存，然后将其从节点缓存中去掉，并转到步骤（3）。

A* 算法的独特之处在于使用估价模型函数，这种算法会自动地使运算结果趋向于目的地。因此，它查找的节点越少，存储空间被占用得越少。与其他算法相比，如果它们的时间复杂度是一样的，A* 算法在实际应用中效果会更优越。

3. D* 算法

A* 算法主要是在静态的环境下进行最短路径规划，但在实际环境下，可能由于交通环境复杂，路面的行人、路障、非机动车辆、机动车辆以及其他各种动态障碍物都会影响车辆的行进，所以有必要进行路径的动态规划。典型的动态规划算法为 D* 算法。D* 算法步骤如下。

（1）利用 A* 算法对地图上给定的起始点和目标点进行路径规划，建立 OPEN 表和 CLOSED 表，存储规划路径上的每一路点到目标路点的最短路径信息。

（2）在车辆对规划出的路径进行跟踪时，当下一个路点没有障碍能够通行时，则对上面规划出的路径从起始路点向后追溯到目标路点，直至车辆到达目的地。当跟踪到某一路点 Y 时，检测到在下一路点处有障碍发生时，则在当前路点处重新建立对后续路点的规划，保存障碍物之前的路点在 OPEN 表和 CLOSED 表里的信息和指针，清除障碍物之后路点在 OPEN 表和 CLOSED 表里的信息和后继指针。

（3）利用 A* 算法从当前路点 Y 开始向目标路点进行规划，重新规划得到最短路径。回到步骤（2）。

（二）智能算法

1. 遗传算法

遗传算法（Genetic Algorithm，GA）是目前自主车辆路径规划中常用的一种算法。它是利用达尔文的生物自然遗传选择和生物自然淘汰的进化来实现的数学模型。遗传算法源于自然进化规律和遗传基因学，并且拥有"生成"与"检测"这种选加顺序的查询算法。遗传算法把整个蚁群当中每个成员作为研究对象，而且通过随机化方法去控制当前被编码的参数空间进行查询。遗传算法的主要流程是选择、交叉、变异。遗传算法可以直接对蚁群对象操作，没有必要考虑函数导数与连续性的限制。遗传算法内部存在良好的并行处理能力和优秀的全局查询特色。遗传算法通过概率化的方法能自动获得查询空间，自动地改变查询方向，不需要有明确的规定。遗传算法目前已成为较新颖的查询方法，它的计算方法不复杂，高效、实用，而且有较好的鲁棒性，适用于并行处理领域。

遗传算法步骤如下。

（1）初始化。设定起始群体 $P(0)$ 生成 N 个个体，设定进化代数变量 $t=0$，设定 T 最大进化代数。

（2）个体评价。获得群体 $P(t)$ 中每个样本的适应度。

（3）选择计算。选择是为了把优秀的个体或通过交配产生新的个体传到下一代。

（4）交叉计算。将最核心的交叉算子作用于群体。

（5）变异计算。把总群中的每个个体的一些基因座上的基因值改动。种群 $P(t)$ 是种群 $P(t)$ 经历选择、交叉、变异产生的。

（6）结束判断。当 $t = T$ 时，停止计算，输出具有最大适应度的个体。

2. 模拟退火算法

模拟退火（Simulated Annealing,SA）算法用来求解规划问题中的最优值，方法是利用热力学中经典粒子系统的降温过程。当孤立的粒子系统的温度缓慢降低时，粒子系统就会保持在热力学平衡稳定的状态，最终体系将处于能量最低的情况，简称基态。基态是能量函数的最小点。模拟退火算法能够有效地解决复杂的系统优化问题，并且限性约束较小。

模拟退火算法步骤如下。

（1）设定初始值，包括温度 T 及函数值 $f(x)$。

（2）计算函数差值 $\Delta f = (x') - f(x)$。

（3）若 $\Delta f > 0$，可把新点作为下一次计算的初始值。

（4）若 $\Delta f < 0$，则计算新接受概率：$p(\Delta f) = \exp\left(-\dfrac{\Delta f}{KT}\right)$，产生 $[0,1]$ 区间上均匀分布的伪随机数 r, r 属于 $[0,1]$，根据 $p(\Delta f)$ 与 r 值的大小来判断下一次值的选取。

如果根据退火方案把温度进一步降低，循环执行上述步骤，这样就形成了模拟退火算法。假如此时系统的温度降到足够低，就会认为目前就是全局最优的状态。

3. 蚁群算法

蚁群算法（Ant Colony Algorithm），ACA 寻找最优解是源于真实蚂蚁的寻径行为，利用蚂蚁之间的相互通信与相互合作，寻找最短到达食物源的路径的方法。蚁群算法与其他进化算法的相似之处，首先，都是一种随机查找算法；其次，都是利用候选解群体的进化来寻找最优解，具有完善的全局优化能力，不依赖于特定的数学问题。

通过蚁群算法求解某些比较复杂的优化问题时，则将体现出该算法的优越性，同时蚁群算法自身也有不少缺陷。蚁群算法具有以下优点。

（1）蚁群算法在优化问题领域具有很强的搜索较优解的能力，因为它能够把一些常用的分布式计算、贪婪式搜索等特点综合起来，并且是一种正反馈机制的算法。想要快速地发现较优解，可利用正反馈机制得到；而过早收敛现象可由分布式计算来排除；这样在查找过程的前期，就会找到可实施的方法，同样，若要减少查找过程消耗的时间，可通过贪婪式搜索来实现。

（2）蚁群算法具有很强的并行性。

（3）蚁群中蚂蚁之间通过信息素展开协同合作，则系统会有比较好的可扩展性。

蚁群算法也具有以下缺陷。

（1）蚁群算法需要消耗比较多的时间来查找。尤其是在群体规模较大时，由于蚁群中的蚂蚁活动是任意的，即使利用信息交换都可以找到最优路径，但在不是很长的时间里，很难发现一条比较好的线路。由于在刚开始寻找路径时，各线路上的信息浓度大小几乎是相同的,这样就存在一定困难,虽然利用正反馈方法反馈信息,能够让较好路线上的信息量越来越多,但是需要消耗很长的时间间隔,才能使较多的信息量出现在较好的路径上,伴随正反馈的不断进行,会产生明显的区别,从而得到最好的路径,这一过程需要较长时间。

(2)当查找过程进行到一定阶段时,蚁群中蚂蚁查找到的解相同,很难能够在深层次去查找得到更好的解,使算法可能出现停潜现象。

除了上述算法之外,还有其他很多算法,如基于广度优先搜索、深度优先搜索、最小生成树神经网络、层次空间推理等。

◆ 习题

一、填空题

1. 高精度定位导航是一种利用_____确定位置并进行精确导航的技术。

2. 高精度定位导航系统通常由_____和接收机组成。

3. GPS 卫星通过发送_____信号来传递位置信息。

4. 高精度定位导航系统的误差通常可以通过_____技术来减小。

5. 高精度定位导航系统在_____领域应用最为广泛。

6. 高精度定位导航系统的精度通常可以达到_____级别。

7. 高精度定位导航系统的发展趋势是实现_____集成化。

8. 高精度定位导航系统与惯性导航系统的区别在于前者依赖于_____,而后者依赖于内部传感器。

9. 在高精度定位导航系统中,多路径效应会导致接收机接收到的信号受到_____影响。

10. 高精度定位导航系统在航海领域的应用包括_____和_____。

二、选择题

1. 高精度定位导航是指(　　　)。

　　A. 在航海中保持船舶在固定航线上行驶

　　B. 使用卫星系统来确定位置并进行精确导航

　　C. 利用地球磁场来确定船只的位置

　　D. 通过观察星体来确定船只的位置

2. 高精度定位导航系统主要依赖于(　　　)技术。

　　A. 无线电波　　　　　B. 激光　　　　　　C. 全球定位系统　　　D. 惯性导航

3. 全球定位系统(GPS)是由(　　　)组成的。

　　A. 24 颗卫星和 1 个地面接收站　　　　　B. 3 颗卫星和 1 个地面接收站

　　C. 21 颗卫星和 3 个地面接收站　　　　　D. 30 颗卫星和 3 个地面接收站

4. 高精度定位导航系统在(　　　)领域应用最为广泛。

　　A. 航空　　　　　　　B. 航海　　　　　　C. 汽车导航　　　　　D. 户外探险

5. 高精度定位导航系统有(　　　)常见的误差源。

　　A. 大气效应　　　　　B. 多路径效应　　　C. 卫星时钟误差　　　D. 以上都是

6.高精度定位导航系统的精度通常可以达到(　　　)。

　　A.米级　　　　　　B.分米级　　　　　　C.厘米级　　　　　　D.毫米级

7.高精度定位导航系统的法律和政策限制有(　　　)。

　　A.无限制　　　　　B.军事用途限制　　　C.民用用途限制　　　D.以上都是

8.高精度定位导航系统的发展趋势是(　　　)。

　　A.提高精度　　　　B.扩大覆盖范围　　　C.降低成本　　　　　D.以上都是

9.高精度定位导航系统与惯性导航系统的区别有(　　　)。

　　A.高精度定位导航系统依赖于外部信号,而惯性导航系统依赖于内部传感器

　　B.高精度定位导航系统精度较低,而惯性导航系统精度较高

　　C.高精度定位导航系统不受外部环境影响,而惯性导航系统受外部环境影响

　　D.以上都是

10.在高精度定位导航系统中,(　　　)解决多路径效应问题。

　　A.使用抗多路径天线　　　　　　　　　B.进行差分定位

　　C.提高卫星时钟精度　　　　　　　　　D.以上都是

三、简答题

1.高精度定位导航的定义和原理是什么?

2.高精度定位导航的应用场景和优势是什么?

3.高精度定位导航的主要技术手段和实现方式是什么?

4.请列举高精度定位导航系统面临的主要挑战和解决方案。

第四章

智能网联汽车线控技术

知识目标

（1）了解线控技术的概念及特点。

（2）熟悉汽车线控的关键技术。

（3）了解硬件冗余和解析冗余的容错控制策略。

（4）掌握三类总线控制局域网。

（5）掌握线控驱动、线控转向及线控制动的结构特点。

技能目标

（1）能处理车辆传感器数据。

（2）能识别车辆通信协议和数据传输技术。

（3）能识别汽车线控的关键技术。

（4）能对车辆数据进行分析和处理。

素养目标

（1）培养跨学科综合能力。

（2）培养团队合作意识、前沿科技意识和创新意识。

（3）养成规范作业的良好工作习惯。

第1节　智能网联汽车线控技术概述

一、线控技术概念

线控技术（X-by-wire）起源于飞机的电传操纵系统，飞行员不再通过传统的机械回路或液压回路来控制飞机的飞行姿态,而是通过安装在操纵杆处的传感器检测飞行员施加的力和位移,并将其转换为电信号,在 ECU 中进行处理,然后传递到执行机构从而实现对飞机的控制,基本原理如图 4-1 所示。

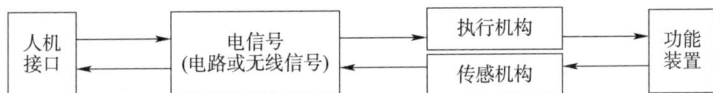

图 4-1 线控技术基本原理

随着线控技术的发展,这一技术逐渐应用到汽车,部分汽车线控系统如图 4-2 所示。

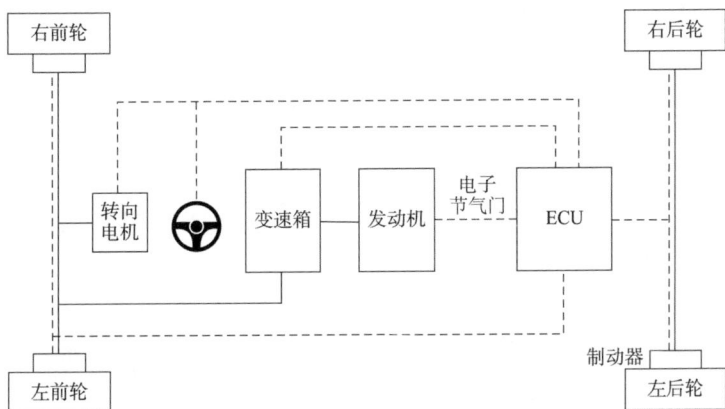

图 4-2 部分汽车线控系统示意图

线控技术的"X"就像数学方程中的未知数,代表汽车中传统上由机械或液压控制的各个部件及相关操作通过用电信号代替机械、液压或气动的系统连接部分,如换挡连杆、节气门拉线、转向器传动机构、制动油路等。它的出现不仅改变了系统连接方式,还包括操纵机构和操纵方式的变化,以及促进执行机构的电气化。车辆线控系统的实现意味着汽车由机械到电子系统的转变。

线控技术要求网络的实时性好、可靠性高,而且一些线控部分要求功能实现冗余,以保证在一定故障时仍可实现该装置的基本功能。

二、线控底盘组成

线控底盘是自动驾驶与新能源汽车中间的一个结合点,它是实现无人驾驶的关键载体。目前,线控底盘主要包括线控驱动、线控转向、线控制动、线控悬架及线控换挡。其中,线控转向和线控制动是未来发展的重点和难点。线控底盘各组成部分主要通 CAN 总线将各控制单元相连,进行数据通信与传输。

(一)线控驱动

对于传统内燃机汽车,线控驱动即线控节气门,目前广泛应用于汽车节气门开度的控制上。传统的节气门控制主要是拉线式,将节气门和加速踏板连在一起,线控节气门则取消了这一拉线,直接通过电子信号进行控制。当前,线控驱动技术已经成熟。针对燃油车和混合动力汽车,线控驱动基本是标准配置;纯电动汽车中都是线控驱动,基本不需要换挡,若有也会是线控。定速巡航是线控驱动的基础应用,凡具有定速巡航功能的车辆都配备有线控驱动。从发展阶段来看,目前线控驱动渗透率接近100%,已处于较成熟阶段。

(二)线控转向

汽车的转向系统经历了机械转向系统、液压助力转向系统、电控液压助力转向系统、电动助力转向系统的发展过程。随着线控技术的发展,线控转向技术也逐渐出现在汽车的转向系统中,它取消了转向盘和转向器之间的机械连接,直接通过电信号控制转向电机来实现汽车转向。

(三)线控制动

传统的制动系统结构形式主要有机械式、气动式、液压式和气—液混合式。不论是哪种形式的制动系统,都是利用制动装置,用其工作时产生的摩擦热逐渐消耗车辆的动能,以达到车辆减速、制动的目的。

随着人们对制动性能要求的提高,防抱死制动系统、驱动防滑控制系统、电子稳定性控制系统、主动避障技术等功能逐渐融入制动系统中,需要在制动系统中添加很多附加装置,这就使得制动系统结构复杂化,增加了液压回路泄漏的可能及装配、维修的难度。制动系统要求结构更加简洁,功能更加全面、可靠,电子技术的应用是大势所趋。

从制动系统的供能装置、控制装置、传动装置、制动器四个组成部分的发展历程来看,都不同程度地实现了电子化。驾驶人发出制动意图;制动能源来自蓄电池或其他供能装置;采用全新的电子制动器和集中控制的电子控制单元进行制动系统的整体控制;机械连接逐渐减少,制动踏板和制动器之间的动力传递分离开来,取而代之的是电线连接,由电线传递能量、数据线传递信号,这种控制方式就是线控制动。

(四)线控悬架

线控悬架主要由空气弹簧、储气罐、气泵、数据总线和底盘控制单元组成,如图4-3所示。当汽车在路面行驶时,传感器将路面情况,车速及启动、加速、转向、制动等工况转变为电信号,输送给电子控制单元,电子控制单元将传感器送入的电信号进行综合处理,输出对悬架的刚度、阻尼及车身刚度进行调节的控制信号。

线控悬架刚度可调,可改善汽车转弯时出现的侧倾以及制动和加速等引起的车身点头和后坐等问题;汽车载荷变化时,能自动维持车身高度不变;碰到障碍物时,能瞬时提高底盘和车轮,越过障碍,提高汽车的通过性;可充分利用车轮与地面的附着条件,加速制

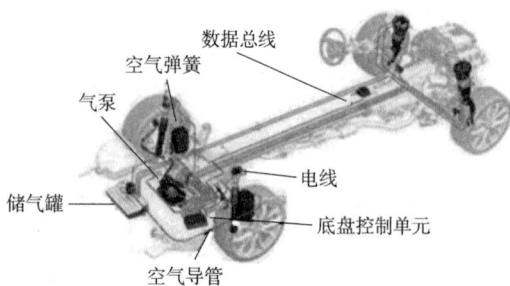

图4-3 线控空气悬架结构

数据总线
空气弹簧
气泵
储气罐
电线
底盘控制单元
空气导管

动过程,缩短制动距离;使车轮与地面保持良好的接触,提高车轮与地面的附着力,增加汽车抵抗侧滑的能力。

虽然线控悬架已有成熟、量产产品,但由于其前期大量的研发费用的投入,后期高昂的使用保养和维护费用等造成其成本居高不下,目前大部分应用在高档轿车上。

(五)线控换挡

线控换挡技术是将传统的机械手动挡位改为手柄、拨杆、转盘、按钮等电子信号输出的方式,通过 CAN 总线实现与整车的通信,通过 LIN 线实现背光灯、随挡增亮、面板按键等各种功能。根据其外观的样式,线控换挡可分为按键式、旋钮式、怀挡式和挡杆式四种,如图 4-4 所示。

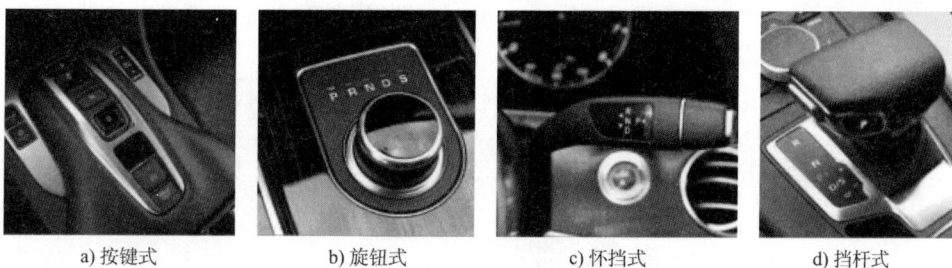

| a) 按键式 | b) 旋钮式 | c) 怀挡式 | d) 挡杆式 |

图 4-4　线控换挡系统样式

线控换挡主要由换挡杆和传感器控制单元组成。当驾驶人挂入某一个挡位时,传感器就会将挡位请求信号传送到变速箱控制单元,同时,变速箱控制单元会根据汽车上其他的各种信号进行分析,根据通信协议进行判断是否执行换挡请求。

线控换挡不会改变燃油车自动变速器的换挡方式,技术难度小,该技术对自动驾驶影响不大。目前线控换挡技术已经发展得非常成熟,随着自动驾驶车技术逐步落地,其将会是未来整车的标准配置。

(六)CAN 总线

由于现代汽车技术水平的大幅提高,要求能对更多的运行参数进行控制,因而汽车控制单元的数量在不断增加。控制单元数量的增加,使得控制单元间信息交换越来越密集。因此,一种特殊的为汽车控制单元提供数据交换的局域网——CAN 总线应运而生。

CAN 总线(Controller Area Network,CAN)又称作汽车总线,全称为控制器局域网,它将各个单一的控制单元以某种形式连接起来,形成一个完整的系统。在该系统中,各控制单元都以相同的规则进行数据传输、交换与共享,这些相同的规则即数据传输协议。

目前在汽车上主要采用两种 CAN 总线。一种是用于驱动系统的高速 CAN(CAN-H),也称动力主线,主要连接对象是发动机控制器、ABS 控制器,安全气囊控制器等,速率一般可达到 500kbit/s,最高可达到 1000kbit/s;另一种是用于车身系统的低速 CAN(CAN-L),也称舒适总线,主要连接和控制汽车内外部照明、灯光信号、空调、刮水电机、中央门锁与防盗控制开关、故障诊断系统、组合仪表及其他辅助电器等,速率为 100kbit/s。

三、汽车线控的特点

与传统的机械控制系统相比,线控系统采用了完全不同的控制方式,使用导线柔性连接代替了原来的机械、液压连接,是由 ECU、传感器、执行器、通信总线等组成的分布式实时系统,有着机械控制系统无可比拟的优点,同时也存在着一些局限性。

(一)优点

(1)车身更加轻便。采用线控系统之后,舍去了传统的机械控制装置,一方面极大地减轻了汽车重量,降低了汽车的能源消耗,也减少了汽车的噪声和振动;另一方面,传统机械装置的去除以及电线布置的灵活性也节省了大量的空间,提高驾驶人和乘客的乘坐舒适性,也有利于实现底盘设计模块化。

(2)控制更加精确。由于采用传感器实时收集汽车的各项参数,驾驶人的动作行程以及需要调节的程度也可以通过传感器准确地记录,控制精度更高。

(3)操作更加便捷。驾驶人仅仅通过调节某些按键就可以在汽车内部实现一系列复杂的操控,大大降低了操纵的复杂程度。

(4)控制策略更加丰富。线控技术可以实现对底盘多个子系统的协调控制,以提高汽车的各项性能。

(5)生产制造更加简单。线控技术在汽车上的发展可以极大地简化汽车的生产、装配和调试过程,节约生产成本和开发周期,也有利于汽车生产企业根据用户需求的不同进行个性化定制。

(6)安全性提高。采用线控转向系统的汽车,舍去了传统的转向轴,当汽车发生碰撞时,减少了机械部件对驾驶人的伤害。

(7)工作效率提高。汽车内部各种信息都是通过电信号进行传输,极大地提高了信息传递的效率,控制更加迅速、响应更加灵敏。

(8)节能环保。线控系统取消了转向液、制动液等,而是采用洁净的电能,由电动机进行驱动,不存在液体泄漏的问题,更加节能环保。

(二)局限性

(1)安全性有待提高。虽然取消转向轴减少了碰撞时对驾驶人的伤害,但传感器的不稳定性,数据传输的不准确性等可能使系统发生故障,故必须引入故障诊断进行故障定位,保证系统的安全可靠。线控系统必须是容错的,保证某一部件发生故障时汽车仍可实现安全转向和制动。

(2)成本有待降低。提高线控系统的安全可靠性,需要提供足够的硬件冗余,因而硬件成本较高。

(3)驾驶体验有待提升。由于线控系统摒弃了转向盘和转向轮之间、制动踏板和制动器之间的机械或液压连接,而是通过电动机等装置人为模拟路感。驾驶感要符合驾驶人的驾驶习惯和心理期望还有待提升。

四、汽车线控关键技术

(一) 传感器技术

线控系统要做出正确的决策必须要有准确的信息作为保障,汽车的速度、发动机的转速、进气压力、节气门位置、变速器的挡位等信息都是由传感器获得的,传感器的精度和可靠性直接影响整个线控系统的控制效果。因此,设计研发精度高、可靠性好、成本低、体积小的传感器对汽车线控系统的发展有着重大意义。随着汽车传感器在汽车电子控制领域的广泛应用,汽车传感器正沿着微型化、多功能化、集成化和智能化的方向发展。

智能传感器是通过工艺技术手段将传感器与微处理器紧密结合,将传感器的敏感元件及其信号调理电路与微处理器集成在一块芯片上的新型处理器,它不仅能够实现传统传感器的功能,还能充分利用微处理器的计算和存储能力。不但可以对传感器的测量数据进行计算、存储和数据处理,还可以通过反馈回路对传感器进行调节,大大提高了传感器的精度。由于微处理器充分发挥各种软件的功能,可以完成硬件难以完成的任务,从而大大降低了传感器制造的难度,提高传感器的性能,降低成本。在该领域比较有代表性的技术是微系统技术(Mems),利用微电子机械加工技术将微米级的敏感元件、信号处理器、数据处理装置封装在同一芯片上,具有体积小、可靠性高的特点。因为微系统技术微型传感器在降低汽车电子系统成本及提高其性能方面的优势,已开始逐步取代基于传统机电技术的传感器。

(二) 容错控制技术

为了提高汽车的可靠性和安全性,汽车线控系统必须采取容错控制,即当有些部件出现故障或失效的时候,它们在系统中的功能可以用系统中的其他部件部分或完全替代,使系统能继续保持规定的性能或不丧失最基本的功能,或进一步实现故障系统的性能最优。

容错控制系统有多种分类方法,按系统可分为线性系统容错控制和非线性系统容错控制,确定性系统容错控制和随机系统容错控制等;按发生故障部件可分为执行器故障容错控制、传感器故障容错控制、控制器故障容错控制和部件故障容错控制等;按控制对象不同可分为基于硬件冗余和解析冗余的容错控制。下面将详细介绍较常使用的硬件冗余和解析冗余的容错控制。

1. 硬件冗余的容错控制

硬件冗余是指对系统的重要部件及易发生故障部件设置各种备份,当系统内部某部件发生故障时,对故障部件进行隔离或自动更换,使系统正常工作不受故障元器件影响。硬件冗余根据备份部件是否参与系统工作可分为静态硬件冗余和动态硬件冗余。

(1)静态硬件冗余,其并联了多个相同的组件,当其中某几个发生故障时并不影响其他组件的正常工作。

（2）动态硬件冗余，在系统中不接入备份组件，只有在原组件发送故障后，才把输入和输出端转接到备份组件上，同时切断故障组件的输入和输出端，使备用模块代替运行模块工作。

2. 解析冗余的容错控制

解析冗余的容错控制通过分析控制系统中不同部件在功能上的冗余性，进而通过控制器的设计实现对局部故障的容错。在正常状态下，控制系统中所有的部件都处于工作状态，当某些部件失效时，其余完好的部件部分或全部承担故障部件失去的控制作用，使控制系统的性能维持在允许范围内。解析冗余的容错控制根据是否基于故障检测与诊断机构可分为被动容错控制和主动容错控制。

（1）被动容错控制，其基本思想是在不改变控制器和系统结构的条件下，从鲁棒控制思想出发设计控制系统，使其对故障不敏感，以达到故障后系统在原有的性能指标下继续工作的目的。其特点是不管故障发生与否，它都采用不变的控制器保证闭环系统对特定的故障具有鲁棒性。因此，被动容错控制不需要故障诊断单元，不需要任何实时故障信息。被动容错控制器的参数一般为常数，不需要实时获取故障信息，也不需要在线调整控制器的结构和参数，故其容错能力有限。

（2）主动容错控制，是在故障发生后根据故障情况重新调整控制器的参数。主动容错控制对发生的故障能够进行主动处理。因此主动容错控制需要设计较多的控制算法，能够更大限度地提高控制系统的性能。

五、汽车行驶状态和参数的估计

汽车线控系统的实现需要很多汽车行驶状态和参数的保障，而这些参数一部分是通过传感器测得的，但有些参数，如路面附着系数、制动时轮胎的滑移率、前后轮侧偏角等是传感器无法测得的。即使是传感器能够测得的参数也会受到传感器精度的影响，例如存在标定误差，这些参数往往需要经过处理才能使用。针对汽车的行驶状态和参数，国内外学者做了大量的研究，包括采用线性观测器、鲁棒观测器、滑模观测器和龙贝格观测器以及卡尔曼滤波算法来进行估计和预测。由于模型往往采用的是比较固定的参数，因此与实时变化的实际情况存在着一定的差距。

六、汽车网络技术

随着线控系统数量的增多，各线控系统不可能独立工作，因此对通信时间的离散和延时性就提出了更高的要求。传统基于事件的网络通信协议，当几个信息同时发送时，往往会造成网络交通拥挤，虽然可以通过仲裁机制来保证这些信息以既定的优先级发送，但往往会造成某些信息延迟。目前，基于时间触发的通信网络协议已经被汽车企业广泛采用，在明确定义的时间点执行操作，即各线控系统同步后，每个系统在一个特定的时间窗口传送自己的信息，提高数据的传输速率和可靠性。汽车网络技术从 20 世纪 80 年代提出以来，已形成多种网络标准。目前,存在的多种汽车网络标准,其侧重的功能有所不同。20 世纪 90 年代初,美国汽车工程师协会(SAE)按照汽车上网络系统的性能由低到高将其划分为 A 级、B 级、C 级网络,D 级以上没有定义,其具体参数见表 4-1。

汽车网络分级 表4-1

类别	对象	位速率	应用范围	主要总线
A	面向传感器执行器的低速网络	1 ~ 10kbit/s	电动门窗、座椅调节、灯光照明灯控制	TTP/A、LIN
B	面对独立模块间数据共享的中速网络	10 ~ 125kbit/s	电子车辆信息中心、故障诊断、仪表显示、安全气囊等系统	CAN
C	面向高速、实时闭环控制的多路传输网	125 ~ 1000kbit/s	悬架控制、牵引控制、发动机控制、ABS 等控制	CAN、TTP/C、FlexRay

(一)A 类总线控制局域网系统

汽车控制局域网 A 类总线标准包括 TTP/A 和 LIN 两大类。

(1)TTP/A(Time Triggered Protocol SAE Class A),Class A 代表符合美国汽车工程师协会(SAE)的 A 类标准,最初由维也纳工业大学制定,为时间触发类的网络协议,主要应用于集成了智能变换器的实时现场总线。

(2)LIN(Local Interconnet Network),是一种应用于汽车分布式电控系统的开放式的低成本的串行通信标准。1999 年由欧洲汽车制造商奥迪(Audi)、宝马(BMW)、戴姆勒克莱斯勒(DaimlerChrysler)、沃尔沃(Volvo)、大众(Volkswagen)和摩托罗拉(Motorola)公司共同组成的 LIN 协会推出,于 2003 年得到试用,主要应用于车门、车窗、灯光等智能传感器、执行器的连接和控制。

A 类总线通常面向传感器、执行器控制的低速网络,数据传输速率通常只有 1 ~ 10kbit/s,主要应用于电动门窗、中控锁、电动后视镜、电动座椅调节、灯光照明等。

(二)B 类总线控制局域网系统

汽车控制局域网 B 类总线标准主要是 CAN 总线,是德国博士(BOSCH)从 20 世纪 80 年代初为解决汽车中众多的控制单元与测试仪器之间的数据交换而开发的一种串行数据通信协议。低速 CAN 具有较多的容错功能,一般用在车身电子控制中;高速 CAN 则多用在汽车底盘和发动机的电子控制中。CAN 总线的拓扑结构一般为线型结构,所有节点并联在总线上,如图 4-5 所示。当一个节点损坏时,其他节点依然能正常工作。但当总线一处出现短路时,整个总线便无法工作。

B 类总线通常面向独立模块间数据共享的中等网络,传输位速率一般在 10 ~ 100kbit/s 之间。主要应用于电子车辆信息中心、故障诊断、仪表显示、安全气囊等系统,以减少冗余的传感器和其他电子部件。

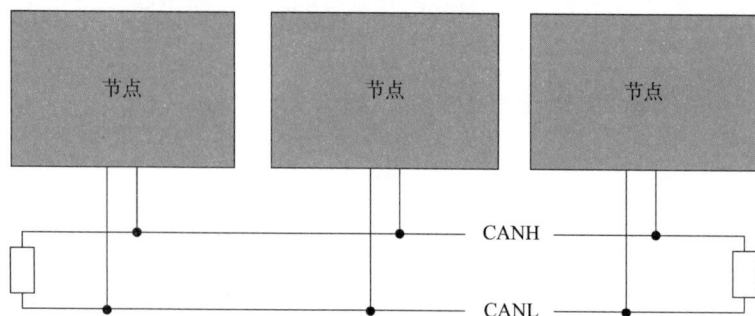

图 4-5　CAN 总线的拓扑结构

(三)C 类总线局域网系统

汽车控制局域网 C 类总线标准主要是 TTP/C、FlexRay 及高速 CAN 三类。

(1)TTP/C(Time Triggered Protocol SAE Class C),Class C 代表符合美国汽车工程师协会(SAE)的 C 类标准。TTP/C 是一个基于时间触发的、集成的、有容错功能的实时网络通信协议。

(2)FlexRay,是继 CAN 和 LIN 之后的最新研发成果。它由 Daimler Crysler、BMW、Motorola 和 Philips 成立的 FlexRay 联盟推动,成为了高级动力总成、底盘、线控系统的标准协议。FlexRay 的拓扑结构多样,既可以像 CAN 总线一样使用线型结构,如图 4-6 所示,也可以使用星型结构。

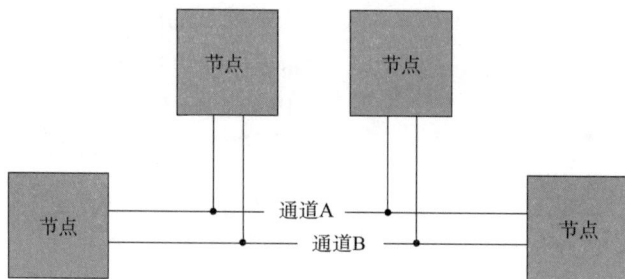

图 4-6　FlexRay 的线型拓扑结构

中心节点负责转发信息,当中心节点外的某个节点损坏或线路故障时,中心节点可以断开与该节点的通信。当中心节点损坏时,整个总线便无法工作。可以将多个星型总线的中心节点连接起来,当一个节点损坏时,其他节点依然能正常工作,只有当总线一处出现短路时,整个总线便无法工作,如图 4-7 所示。FlexRay 既可以支持时间触发访问方式,也支持事件触发访问方式,比 TTP/C 更灵活。

(3)高速 CAN,是由 2 条相互绞接的导线并联所有的控制单元,其传输速率一般为 500kbit/s。高速 CAN 主要应用在发动机、变速箱等实时性、数据传输速度要求高的场合。

C 类总线通常面向高速、实时闭环控制的多路传输网,最高位速率可达 1Mbit/s,主要用于发动机和自动变速器的动力控制,防滑控制、悬架控制等系统。

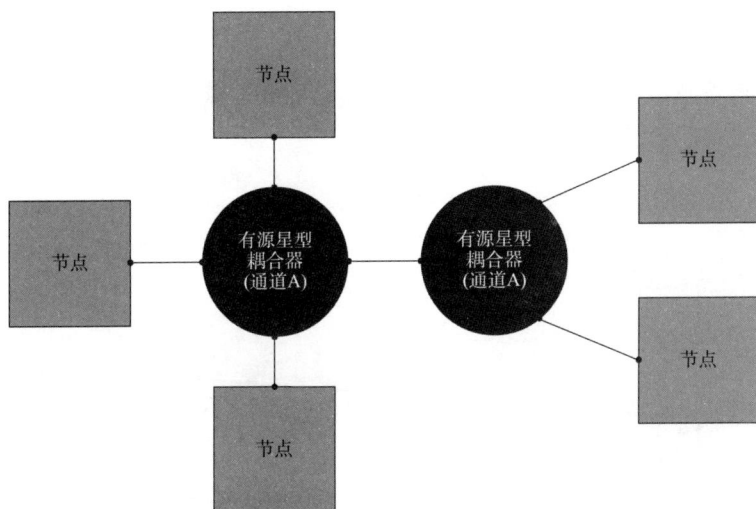

图 4-7　FlexRay 的星型拓扑结构

七、汽车电源技术

随着汽车上线控系统数量的增多,传感器、控制器和执行机构也随之增多,这就需要汽车有强大的电力保证。传统的小型汽车都是采用 14V 电源系统,仅能提供 3kW 的功率,随着线控系统数量的增多,系统各执行器需要的功率也越来越大,因此,传统的汽车电源难以保证用电需求,需要采用更高电压的汽车电源。

汽车电器数量的增多使得汽车电源从 14V 供电系统向 42V 供电系统转化已成为必然趋势。汽车的 42V 电源实际上是由 36V 蓄电池和 42V 交流/直流发电机组成,与传统 12V 供电系统相比,传输同样的功率,只需要 1/3 的电流,极大地降低了负载的电流和能量的损耗;另外,42V 电源系统可以将功率提升到 8kW,极大地提高了带负载的能力。不过汽车更换42V 电源系统不只是更换电源以及线束那么简单,汽车结构、电器之间的功率匹配以及因电压升高引起的开关处的电弧现象都是需要解决的问题。

第2节　智能网联汽车线控技术应用

一、线控驱动

(一) 传统汽车电子节气门系统

节气门是控制进入发动机气缸的纯净空气(柴油发动机)或可燃混合气(汽油发动机)

数量多少的装置,其开度的大小决定着发动机的转速和功率。传统的节气门控制是驾驶人直接踩下加速踏板通过拉线进行控制;而电子节气门的控制是先将驾驶人踩下加速踏板的位置经加速踏板位置传感器转化为电信号发送给发动机控制单元,再经发动机控制单元综合车辆其他信息通过电信号控制电子节气门的开度。因此,电子节气门与加速踏板之间无机械连接装置,如图4-8所示。

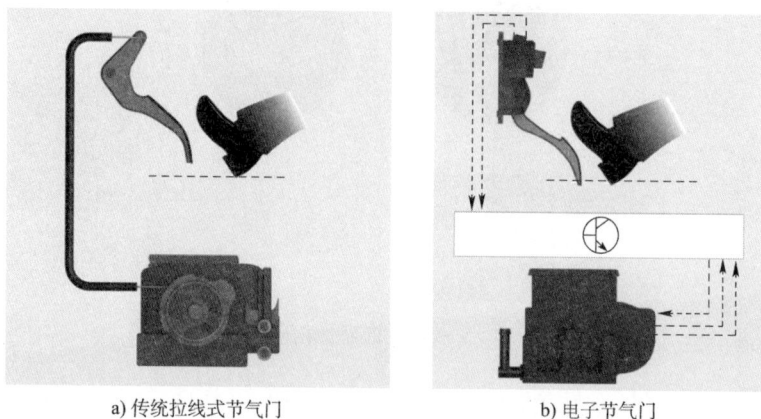

a) 传统拉线式节气门　　　　　　　b) 电子节气门

图4-8　节气门控制类型

电子节气门系统主要由加速踏板、加速踏板位置传感器、发动机控制单元(ECU)、节气门控制单元、节气门位置传感器以及其他相关传感器等组成,如图4-9所示。

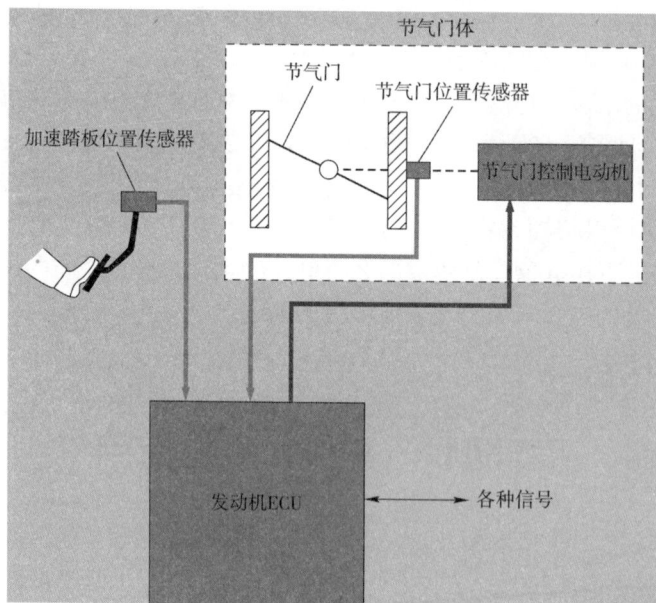

图4-9　电子节气门系统组成

(二)纯电动汽车加速踏板

纯电动汽车的加速踏板结构和原理与传统汽车不同,传统汽车加速踏板控制的是节气门,而纯电动汽车的加速踏板控制驱动电机的转速。因此,这里只讲解纯电动汽车加速踏板控制驱动电机的工作过程。加速踏板传感器安装位置如图4-10所示。

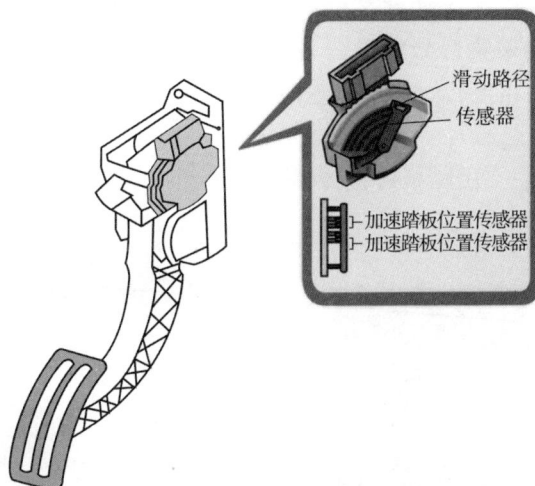

图4-10 加速踏板传感器位置图

当驾驶人踏下加速踏板时,加速踏板传感器将加速信号传递给整车控制器(VCU),VCU根据此信号并结合各电控单元采集到的信息,进行数据分析和处理之后,形成新的指令信号发送到高压电池包和电动机,输出合适的转速和力矩,从而使纯电动汽车以驾驶人预期的速度行驶,如图4-11所示。

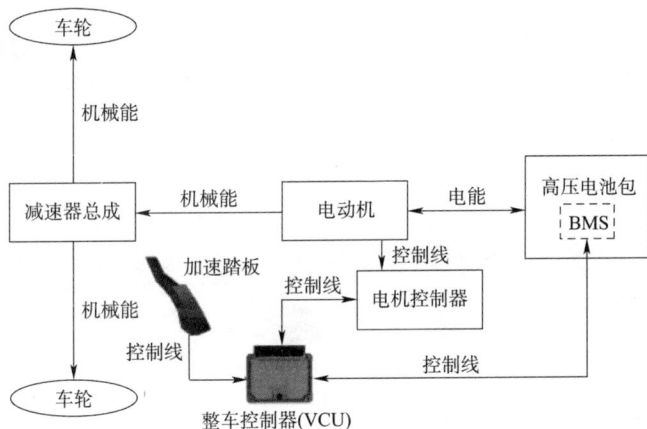

图4-11 加速踏板传感器工作过程示意图

二、线控制动

(一)电子液压制动系统

电子液压制动系统(Sensotronic Brake Control System,SBC)的作用是实现对车辆的制动,它接收车身电子稳定系统(ESP)、轮速传感器、制动踏板等信号,由 SBC 控制单元为每个车轮的制动器分配最佳的制动压力。

与传统制动相比,它以电子元件替代部分机械元件,制动踏板不再与制动轮缸直接相连,驾驶人动作由传感器采集并分析出驾驶人的控制意图,再由液压执行器来完成制动操作,提高了制动控制的自由度,从而充分利用路面附着率提高制动效率,弥补了传统制动系统在设计和原理上的不足。

电子液压制动系统主要由踏板行程传感器、踏板压力模拟器、SBC 控制单元、高压泵、储压罐等组成,如图 4-12 所示。

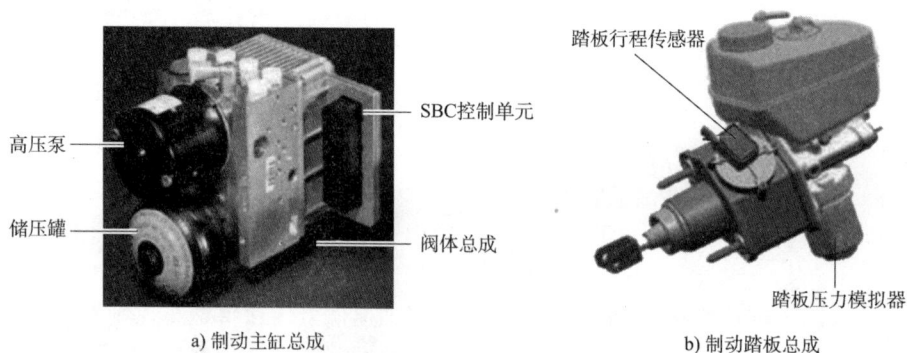

a) 制动主缸总成   b) 制动踏板总成

图 4-12　电子液压制动系统组成

(二) 电子机械制动系统

电子机械制动系统(Electro Mechanical Brake, EMB)与常规的液压制动系统截然不同。其以电动机作为驱动制动器的动力源,代替传统的液压和气压制动方式,从而弥补了传统制动方式的诸多不足。

EMB 系统一般用在采用盘式制动器的车辆上,主要由电动机制动模块、电子制动踏板、电源管理模块(蓄电池电源)、制动力控制器和传感器等部分组成,如图 4-13 所示。其中,EMB 的电子制动踏板(由制动踏板行程传感器和踏板压力模拟器组成)和传感器与 SBC 基本相同。

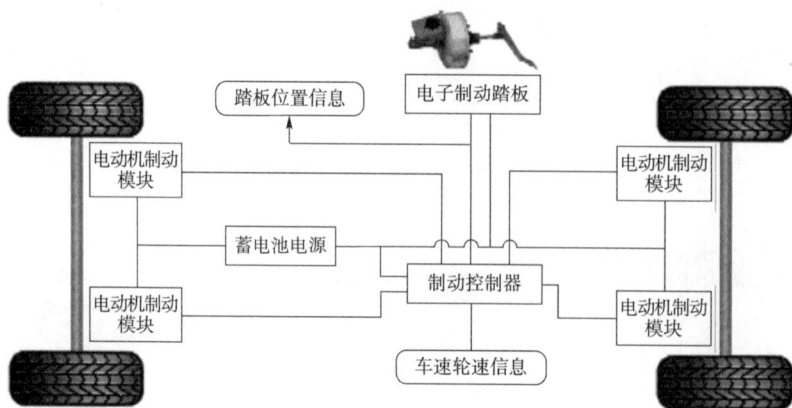

图 4-13　电子机械制动系统基本结构

电动机制动模块作为制动力的执行单元,是 EMB 系统的核心部分,主要包括直流电动机、减速增矩装置(斜盘齿轮)、运动转换装置(螺杆)和制动钳体四个部分,如图 4-14 所示。直流电动机启动时具有大转速低转矩特性,满足不了制动使用要求,需经斜盘齿轮传动装置减速增矩,并通过螺杆将旋转运动转换成直线运动,从而推动制动块向制动盘方向直线运动,在制动初期短时间内消除制动间隙;消除制动间隙后电动机进入堵转状态,此时再通过改变电压使电动机保持堵转状态,堵转状态下的电动机持续输出稳定的力矩从而产生稳定的制动力,以实现制动。

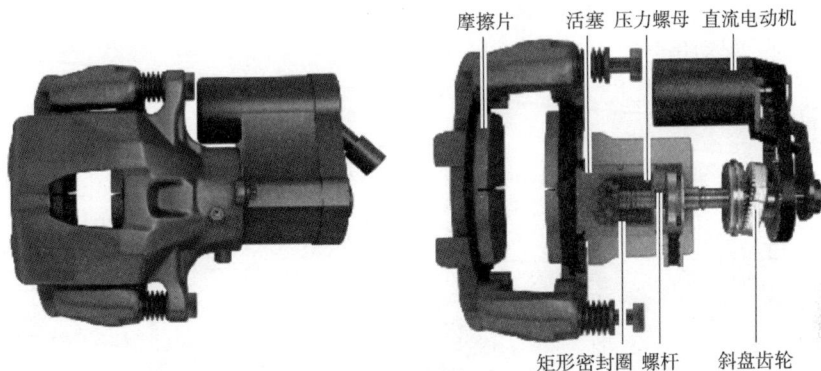

图 4-14 电动机制动模块基本机构

电源管理模块为整个系统提供稳定的电源。

三、线控转向

(一)线控主动转向系统

线控主动转向系统(DAS)是继电动助力转向系统(EPS)后发展起来的新一代转向系统,它具有比 EPS 更好的操纵稳定性。在 DAS 系统中,转向盘和转向轮之间不再采用机械连接,通过电能实现转向,摆脱了传统转向系统固有的限制,给驾驶人带来方便的同时,也提高了汽车的安全性。

线控主动转向系统主要由转向执行器总成(前轮转向模块)、主控制器总成和转向盘总成(转向盘模块)组成;另外,它还有转向动作回馈器、离合器、自动防故障系统、电源等辅助系统,如图 4-15 所示。与传统电子转向系统不同的是它的主控制器由三个电子控制单元组成。

线控主动转向就是转向盘与车轮之间的传动完全由电子信号控制,不再依靠传统的机械式连接。线控主动转向系统(DAS)将传感器检测到转向信息传递给转向力执行器,转向力执行器将驾驶人打方向的机械操纵转

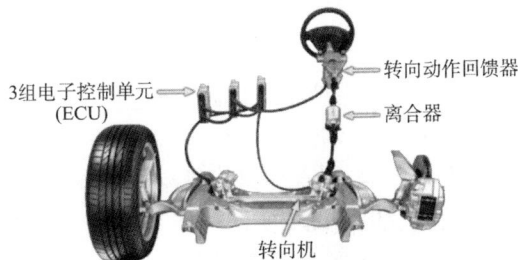

图 4-15 线控主动转向系统组成

换为信号,并传输给电子控制单元(ECU),ECU 根据路面情况、转向盘转动力度以及速度综合判断,并与转向角度执行器一起实现更加精准直接的转向操控。

(二)动态稳定控制系统

动态稳定控制系统也是一种驱动力控制系统,它是在防抱死制动系统和牵引力控制系统的基础上增加了相应功能的传感器,以提高汽车的动态稳定性能。

动态稳定控制系统主要由动态稳定系统控制单元、车轮转速传感器、转向角传感器、组合传感器、制动摩擦片磨损传感器、动态稳定控制系统指示灯、动态稳定控制系统关闭开关、制动液液位开关、制动信号灯开关等组成,如图 4-16 所示。

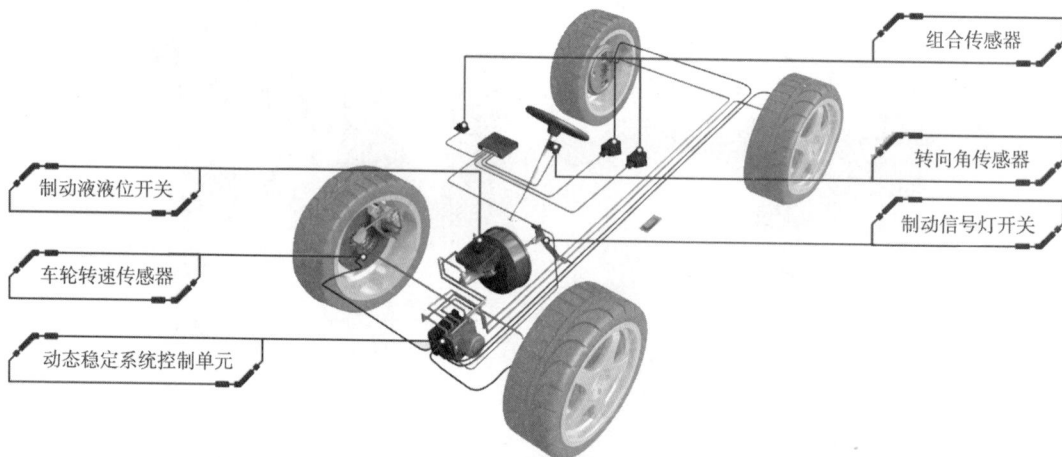

图 4-16　动态稳定控制系统组成

动态稳定控制系统将车辆行驶过程中车轮转速传感器、组合传感器、转向盘转角传感器、制动液液位开关等检测装置检测到的汽车行驶状态和驾驶人需求等信息传送给动态稳定系统控制单元,控制单元将各种信号进行实时分析处理,判定车辆行驶的状况。当车辆行驶偏离驾驶人的预定方向或制动车轮打滑时,控制单元发出控制车轮驱动力和制动力的指令,以实时修正过度转向、不足转向或车轮打滑的现象,从而使车辆在整个行驶过程都能获得好的稳定性,大大提高了汽车行驶过程中的安全性。

四、线控悬架

自适应底盘控制系统(Dynamic Chassis Control,DCC)也称为主动悬架控制,它能根据不同的行驶环境对底盘的减振器特性进行调整,极大地改善了汽车的行驶平顺性和操作稳定性。

自适应底盘控制系统(DCC)是一个智能的自动化控制系统,主要由减振器调节按键、车身高度传感器、车身加速传感器、电控减振器控制单元、可调式减振器、减振调节阀及组合仪表等组成,如图 4-17 所示。在 DCC 中,信息通过 CAN 数据总线,在电控减振器控制单元与转向助力控制单元、数据诊断接口以及 ABS 控制单元等相关车载控制单元之间进行交换,并将相关信息送至组合仪表控制单元,在组合仪表上进行显示。

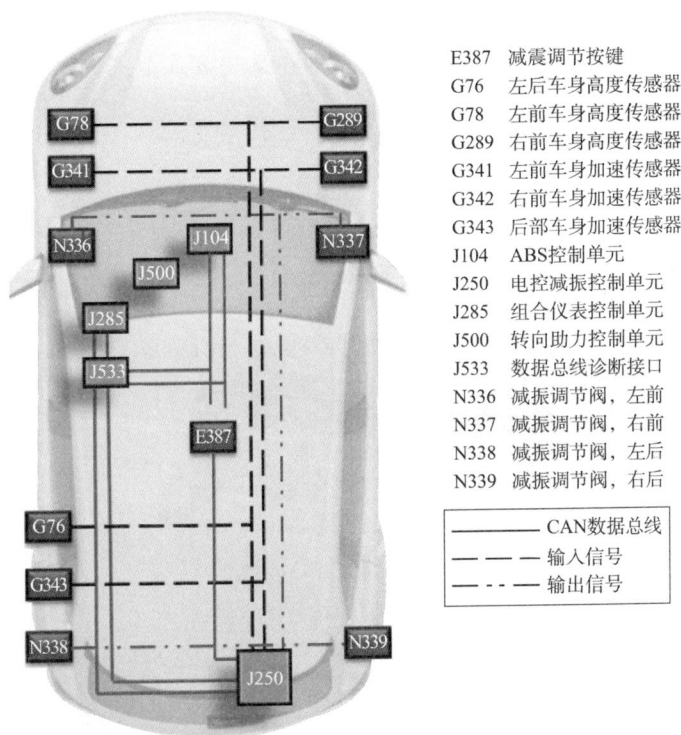

E387	减震调节按键
G76	左后车身高度传感器
G78	左前车身高度传感器
G289	右前车身高度传感器
G341	左前车身加速传感器
G342	右前车身加速传感器
G343	后部车身加速传感器
J104	ABS控制单元
J250	电控减振控制单元
J285	组合仪表控制单元
J500	转向助力控制单元
J533	数据总线诊断接口
N336	减振调节阀,左前
N337	减振调节阀,右前
N338	减振调节阀,左后
N339	减振调节阀,右后

—————— CAN数据总线
— — — — 输入信号
—·—·— 输出信号

图 4-17　自适应底盘控制系统组成

汽车行驶过程中,汽车的车身高度传感器及车身加速度传感器检测到的信息发送给电控减振控制单元,电控减振控制单元通过分析计算传感器信息、减振调节按键位置、路况信息以及车辆行驶状况得出减振器所处的模式及需要的调整。随后,电控减振器控制单元发出相应指令来控制减振调节阀状态,从而调节可调式减振器的阻尼,使汽车在固定的模式下具有相对恰当的安全性和舒适性,如图 4-18 所示。

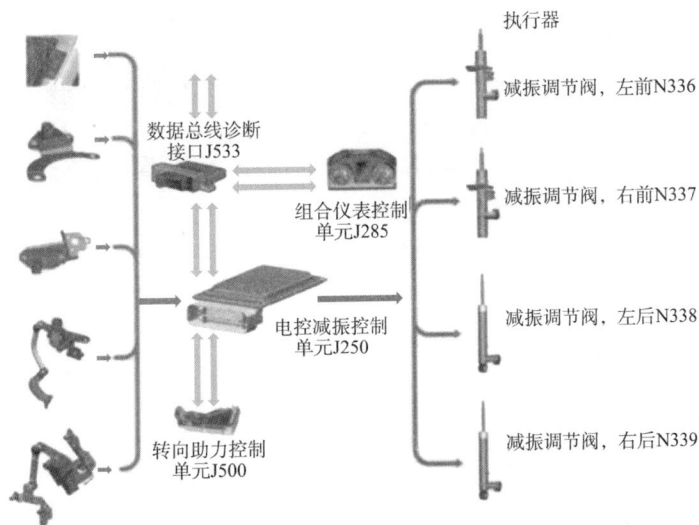

图 4-18　DCC 的工作原理

自适应底盘控制系统(DCC)是一个智能的自动化控制系统,它始终处于工作状态,可根据路面情况、行驶工况及驾驶人意愿等信息,自动在某一模式范围内调整减振器工作,实现了真正的"自适应",如图4-19所示。

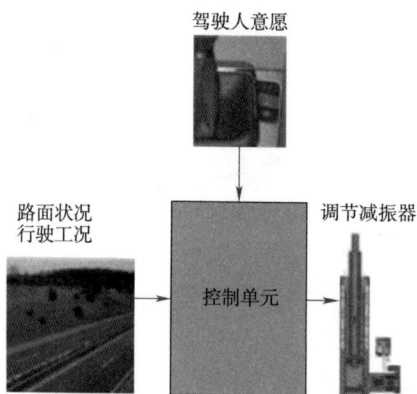

图4-19　DCC的工作过程

习题

一、填空题

1. 线控技术是一种基于_____的技术,通过电缆、_____等传输介质来控制车辆的驾驶操作。

2. 线控技术最早应用于_____领域,后来被广泛应用于_____和_____领域。

3. 线控转向系统取消了传统机械或液压转向装置,由_____、_____和_____三部分组成。

4. 智能网联汽车中,线控技术的应用目的是提高驾驶的_____性和_____性,同时还可以实现更加智能的驾驶行为。

5. 线控技术中的"线"指的是_____,它是数据传输的线路。

6. 线控技术相比于传统的机械或液压系统具有更高的响应速度和准确性,这得益于_____的使用。

7. 线控技术中的传感器模块可以检测车辆的各种状态信息,例如车速、_____和_____等。

8. 线控技术中的执行器模块可以控制车辆的各种部件,例如_____、_____和_____等。

9. 线控技术中的总线通信可以实现车辆内各系统之间的信息共享和协同工作,从而提高车辆的_____性和_____性。

二、选择题

1. 线控技术是指通过(　　)来控制车辆的驾驶操作。

　　A. 电缆　　　　　　　　　　　　　　B. 液压管路

　　C. 气压管路　　　　　　　　　　　　D. 无线信号

2. 线控技术最早应用于航空领域,英文是(　　)。

  A. Wire Control Technology   B. Flight Control Technology

  C. Wire Flight Technology   D. Aviation Control Technology

3. 线控转向系统取消了传统机械或液压转向装置,其组成部分包括(　　)。

  A. 转向盘模块   B. 执行器模块   C. 传感器模块   D. 以上都是

4. 线控油门加速器通过控制(　　)来改变车辆的加速度。

  A. 节气门开度   B. 燃油压力

  C. 自动变速器的挡位   D. 发动机的点火时间

5. 智能网联汽车中,线控技术的应用目的是(　　)。

  A. 提高驾驶的安全性和舒适性   B. 提高车辆的燃油经济性

  C. 提高车辆的加速和制动性能   D. 以上都是

6. 线控技术中的"线"指的是(　　)。

  A. 信号线   B. 电源线   C. 地线   D. 电缆

7. 线控技术相比于传统的机械或液压系统的优点有(　　)。

  A. 更高的响应速度和准确性   B. 更小的重量和体积

  C. 更好的耐久性和可靠性   D. 以上都是

8. 线控技术主要包括(　　)。

  A. 电力线和通信线   B. 模拟线和数字线

  C. 硬线和软线   D. 实线和虚线

三、简答题

1. 什么是智能网联汽车线控技术?

2. 智能网联汽车线控技术有哪些优点?

3. 请简要介绍智能网联汽车线控技术中转向系统和制动系统的组成和工作原理。

第五章
先进驾驶辅助系统

知识目标

（1）掌握 ADAS 类型、特点及应用方法。
（2）了解各类 ADAS 的工作原理及性能。
（3）掌握各类 ADAS 的工作过程。

技能目标

（1）能够掌握部分 ADAS 的使用方法和操作技巧。
（2）能够根据路况和交通状况，灵活地调整 ADAS 的使用策略。

素养目标

（1）培养对先进技术的学习能力。
（2）培养团队协作意识，创新意识。

第1节　视野改善类先进驾驶辅助系统

一、自适应前照灯系统

自适应前照灯系统又称智能前照灯系统（Adaptive Front-lighting System，AFS），是一种智能灯光调节系统，它通过感知驾驶人操作意图、车辆行驶状态、路面变化以及天气环境等信息，自动控制前照灯实时进行照明角度的调整，为驾驶人提供最佳照明效果，明显提升了夜晚或弯道行车的安全性。

（一）自适应前照灯系统功能

自适应前照灯系统（AFS）的具体功能如下。

1. 阴雨天气的照明

阴雨天气,地面的积水会将行驶车辆打在地面上的光线,反射至对面车辆驾驶人的眼睛中,使其炫目,进而可能造成交通事故。AFS 的前照灯可以发出特殊的灯光形状,如图 5-1 和图 5-2 所示,以减弱地面反射至对面车辆驾驶人眼睛中的光线强度。

图 5-1　雨天积水对 AFS 光线的反射(侧视)　　图 5-2　雨天积水对 AFS 光线的反射(俯视)

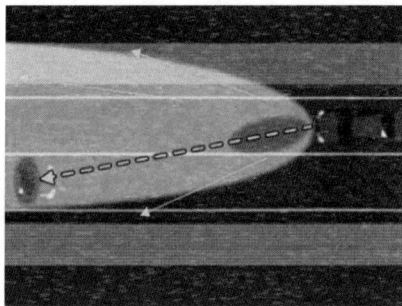

2. 乡村道路的照明

在照明环境不好的乡村道路上高速行驶的车辆,AFS 能比普通的前照灯照得远,照得宽,同时也不会产生使对向车辆驾驶人炫目的光线。

3. 转弯道路的照明

传统前照灯的光线因为和车辆行驶方向保持着一致,所以不可避免地存在照明的暗区,如图 5-3 所示。一旦在弯道上存在障碍物,极易引发交通事故。配置 AFS 的车辆在进入弯道时,会产生旋转的光型,给弯道以足够的照明,如图 5-4 所示。

图 5-3　传统前照灯的弯道照明　　　　图 5-4　AFS 的弯道旋转照明

4. 高速公路的照明

车辆在高速公路上行驶,需要前照灯比乡村道路照得更远、更宽,而传统的前照灯却存在照明不足的问题,如图 5-5 所示。AFS 采用了更为宽广的光型解决这一问题,如图 5-6 所示。

5. 城市道路的照明

城市道路复杂、狭窄,传统前照灯近光因为光型比较狭长,难以满足城市道路照明的要求,如图 5-7 所示。AFS 在考虑车辆市区行驶速度受到限制的情况下,可以产生比较宽阔的光型,如图 5-8 所示,可有效地避免与十字路口突然出现的行人、车辆发生碰撞的危险。

图 5-5　传统前照灯的高速公路照明

图 5-6　AFS 的高速公路照明

图 5-7　传统近光灯近光光型

图 5-8　AFS 近光光型

(二)自适应前照灯系统组成及工作原理

1. 自适应前照灯系统组成

自适应前照灯系统(AFS)由车身高度传感器、轮速传感器、调光电动机、动态自动调光控制单元组成,如图 5-9 所示。

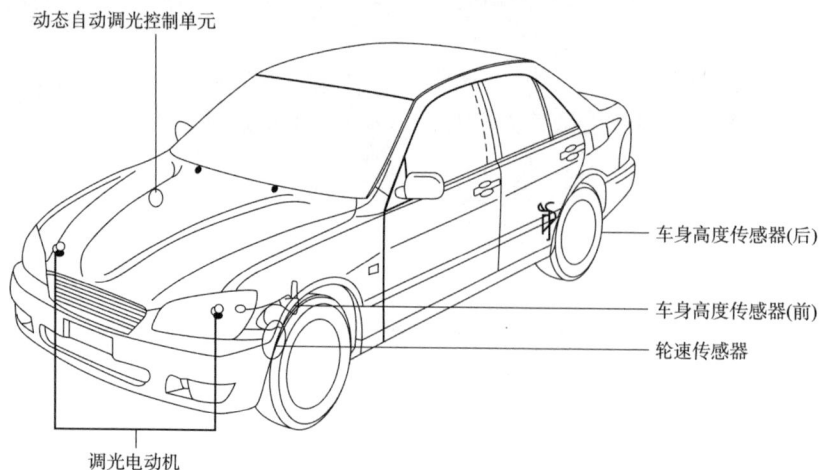

图 5-9　AFS 组成

2. 工作原理

自适应前照灯系统(AFS)的基本工作原理如图 5-10 所示,AFS 控制单元通过传输通路、传感器采集车速、转向、道路状况等信息（AFS 与汽车上的传感器信息共享），并进行处理分析，给 AFS 的执行机构发出指令，执行机构做出相应动作，同时通过反馈电路将执行结果发送给控制单元，若与预期执行结果不一致，就进行不断修正，直至达到预期的执行效果。

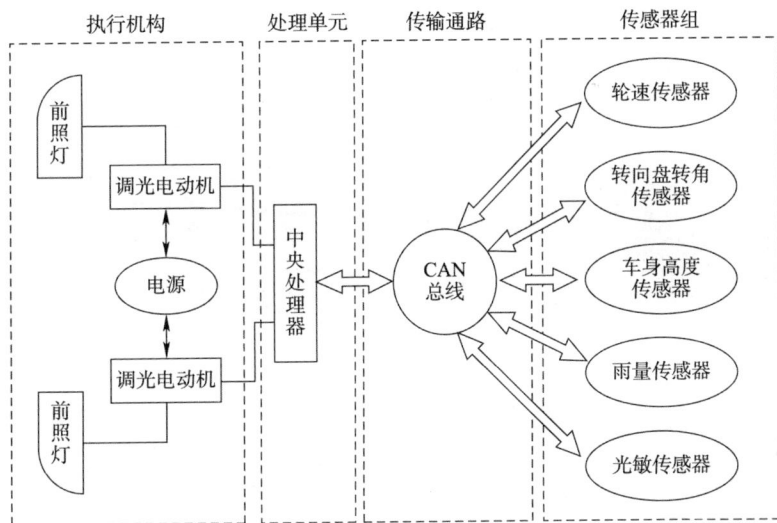

图 5-10 AFS 工作原理

二、智能刮水器

刮水器是雨、雪天气保证汽车行车安全的重要设备，其主要功能是能及时刮除附着在风窗玻璃上的雨雪及污垢，给驾驶人提供良好的视野，以保障雨、雪天气的行车安全。传统刮水器的工作需要驾驶人手动控制和调整，并根据雨雪量的大小不断切换挡位，反复操作会使驾驶人感觉不适，也容易分散注意力，若调整不当会在雨雪刮除过程中，引起前风窗玻璃清晰度不佳，容易引发安全事故。随着人们对行车安全性和舒适性要求的提高，智能刮水器成为一种新的发展趋势。

智能刮水器能通过感应汽车风窗玻璃上的降雨、降雪情况，自动打开并调整工作频率，而不需要驾驶人进行手动操作，提高了雨雪天行车的舒适性与安全性。

智能刮水器在传统刮水器的基础上增加了雨量传感器、电动机驱动电路和刮水控制器等部件，主要由雨量传感器、刮水控制器、刮水电动机、电动机驱动电路、刮水片和电源系统组成，如图 5-11 所示。

图 5-11 智能刮水器组成

智能刮水器将雨量传感器检测到的雨量信号送给刮水控制器，经过分析处理，判断出刮水器是否需要工作以及刮水器的工作速度，从而向直流电动机发出相应的控制指令，实现智能刮水器的自动控制。

三、夜视辅助系统

汽车夜视辅助系统是一种利用红外成像技术辅助驾驶人在黑夜中看清道路、行人和障碍物等，减少事故发生，增强主动安全的系统，如图5-12所示。

图5-12　汽车夜视辅助系统

按照工作原理不同，汽车夜视辅助系统可以分为被动夜视辅助系统和主动夜视辅助系统两种。

（一）被动夜视辅助系统

被动夜视辅助系统采用的是被动红外热成像技术。被动红外热成像技术是基于目标与背景和辐射率差别，利用辐射测温技术对目标逐点测定辐射强度而形成可识别的目标物热图像。被动红外夜视摄像头的探测距离远，无需补光源，对远处行人、动物探测较清晰，但过度依赖物体热量，对其他物体的远处成像较模糊，画面辨识度低，环境温度超过33℃将失效，而且成本高。汽车被动夜视辅助系统没有红外发射单元，主要由红外成像单元、控制单元（ECU）和图像显示单元等组成。

（二）主动夜视辅助系统

主动夜视辅助系统采用的是主动红外成像技术。主动红外成像技术由LED红灯发出波长为780～1100nm的红外光去照射被观察的景物。这个波段的光线人眼无法识别，但可通过CCD等成像器件，将观察景物反射的红外辐射图像转换成可识别的图像，从而达到夜视的目的。主动红外成像装置价格适中，成像清晰，可视距离适中，但是需要有屏蔽或过滤对方车灯照射光源的能力，对可见光反射较差的材料成像差。

由于红外摄像机采用变倍镜头，镜头的焦距是变化的，其成像的视场角（也称探视角）也在不停地变化。如果出光角不变，在近距离时，出光角小于视场角（探视角），补光光源不能覆盖目标物；在远距离时，出光角大于视场角（探视角），造成光能浪费。通过采用同步变焦红外的LED补光灯，红外光的出光角跟随镜头的视场角同步变化，就大大减少光功率的损失，将红外光夜视距离提高到120～150m。

汽车主动夜视辅助系统主要由红外发射单元、红外成像单元、控制单元（ECU）和图像显示单元等组成,如图 5-13 所示。

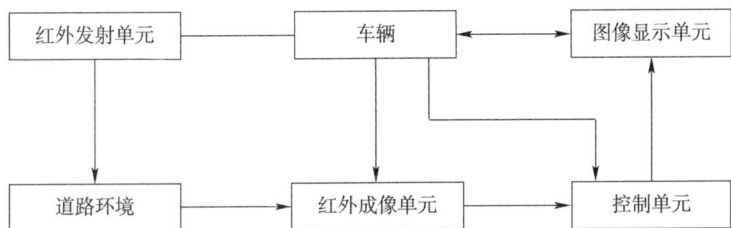

图 5-13　汽车主动夜视辅助系统的组成

（1）红外发射单元。红外发射单元位于两个前照灯内,当它被激活时,产生的红外线用于照射车辆前方区域,相应的夜视图等同于在远光灯下透过风窗玻璃所见到的情景。

（2）红外成像单元。红外成像单元主要是红外图像摄像头,如图 5-14 所示,记录车辆前方区域内的图像,并提供其探测范围内是否存在行人或障碍物的信息,然后通过数字视频线将数据发送给控制单元(ECU)。

（3）控制单元(ECU)。控制单元分析红外成像单元传来的数据,再通过集成化数据处理,将画面传输给图像显示单元,其中识别的行人和动物,以高亮度显示。一般对于数字化的 CCD 摄像头,采集到信号后,会进行必要的去噪声、信号增强等处理,然后再送给图像显示单元。

（4）图像显示单元。图像显示单元接收控制单元传来的信号并显示,驾驶人就可以清晰地看到前照灯照射范围之外的景物,避免出现意外。

图 5-14　车用红外摄像头

第2节　安全预警类先进驾驶辅助系统

一、前向碰撞预警系统

前向碰撞预警(Forward Collision Warning,FCW)系统通过雷达或视觉传感器时刻监测前方车辆,判断本车与前车之间的距离、方位及相对速度,当存在潜在碰撞危险时对驾驶人发出警告。一般预警的方式有声音、视觉或触觉等,如图 5-15 所示。前向碰撞预警系统一般不会采取任何制动措施去避免碰撞或控制车辆,但也有一些前向碰撞预警系统提供不同程度的制动功能。

图 5-15　前向碰撞预警系统提示

(一)前向碰撞预警系统的组成

前向碰撞预警系统由信息采集、电子控制和人机交互三个单元组成,如图5-16所示。

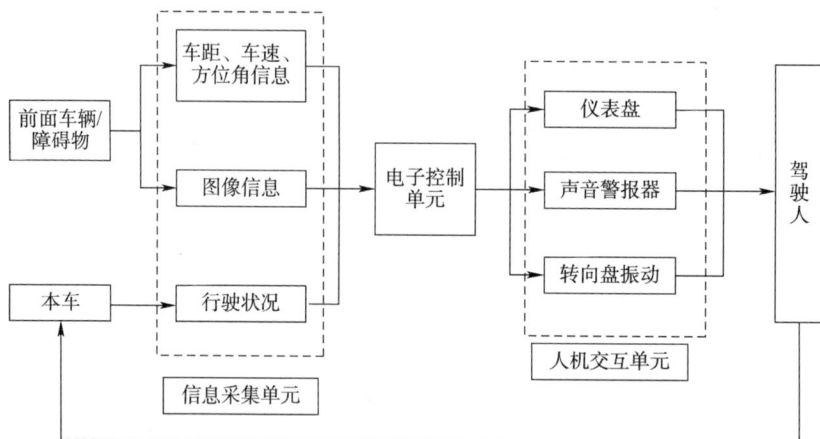

图5-16 前向碰撞预警系统的组成

(1)信息采集单元。信息采集单元主要利用毫米波雷达采集前向车辆或障碍物的车距、车速和方位角信息,利用视觉传感器采集前向车辆或障碍物的图像信息,利用自身车速和加速度传感器采集本车的速度、加速度等信息。

(2)电子控制单元。电子控制单元主要对前方车辆或障碍物的图像信息和车距、车速等信息进行信息融合,确定障碍物的类型和距离,结合本车行驶状态信息,采用一定的决策算法,评估是否存在潜在的碰撞风险,若存在,则向人机交互单元发出预警指令。

(3)人机交互单元。人机交互单元主要接收由电子控制单元传来的指令,根据预警程度或级别的定义,进行相应预警信息的发布,如在仪表盘或抬头显示区域显示预警信息或闪烁预警图标、发出报警声音和收紧安全带等,提醒驾驶人采取措施进行规避。驾驶人接受预警信息后,对本车采取制动行为,若碰撞风险消失,则碰撞报警取消。

(二)前向碰撞预警系统工作原理

前向碰撞预警系统主要利用雷达、视觉传感器等来进行监测。一般对本车行驶轨迹内的最近障碍车辆进行预警,并且不受在非本车行驶轨迹内的前方更近障碍物等的影响。在正确识别有效目标的基础上,结合本车当前行驶状况与有效目标运动情况进行决策分析,最终以适时适当的方式提醒驾驶人采取规避措施。

前向碰撞预警系统的工作原理如图5-17所示,它通过分析传感器获取的前方道路信息对前方车辆进行识别和跟踪,如果有车辆被识别出来,则对前方车距进行测量,同时利用车速估计,根据安全车距预警模型判断追尾可能,一旦存在追尾危险,便根据预警规则及时给予驾驶人主动预警。

具体来说,前向碰撞预警系统工作过程主要分为三个部分,即前方车辆识别、前方车距检测、建立安全车距预警模型。

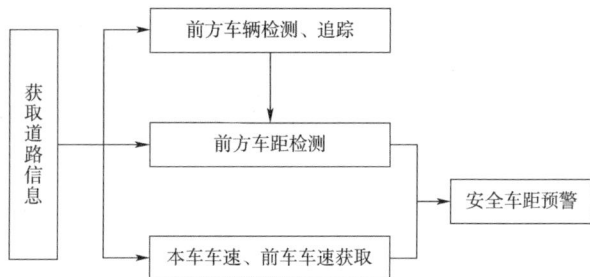

图 5-17 前向碰撞预警系统的工作原理

二、车道偏离预警系统

车道偏离预警系统(Lane Departure Warning System,LDWS)是车辆辅助驾驶系统中的重要组成部分,根据前方道路环境和本车位置关系,判断车辆偏离车道的行为并对驾驶人进行及时提醒,从而防止由于驾驶人疏忽造成的车道偏离事故的发生,如图 5-18 所示。车道偏离预警系统是一种汽车驾驶安全辅助系统,该系统旨在帮助驾驶人避免或减少车道偏离事故。它通过传感器获取前方道路信息,结合车辆自身的行驶状态以及预警时间等相关参数,判断汽车是否有偏离当前所处车道的趋势。如果车辆即将发生偏离,并且在驾驶人没有开转向灯的情况下,则通过视觉、听觉或触觉的方式向驾驶人发出警报。

图 5-18 车道偏离预警系统

(一)车道偏离预警系统组成

车道偏离预警系统主要由信息采集单元、电子控制单元和人机交互单元等组成,如图 5-19所示。在该系统中,所有的信息均以数字信号的形式进行传递,通过汽车总线技术实现。

(1)信息采集单元。信息采集单元主要用于实现车道线信息和汽车自身行驶状态信息的采集。针对不同的道路条件和传感器类型,可采用不同的车道线检测方式,包括高精度地图定位、传感器定位、视觉传感器定位等,其中采用视觉传感器定位的方式应用较为广泛。汽车自身行驶状态采集的信息主要包括车速、加速度、转向角等数据。在完成所有信息数据的采集后,信息采集单元需对数据进行模/数转换,并传输给电子控制单元。

(2)电子控制单元。电子控制单元是整个系统的核心部分,需要对所有的数据进行集中处理。在处理车道线信息时,由于传感器存在测量误差,因此需要对其进行误差修正,最后综合判断汽车是否存在非正常偏离车道的现象,如果发生非正常偏离,就发出报警信息。

（3）人机交互单元。人机交互单元通过仪表显示界面、语音提示、座椅或转向盘振动等一种或多种方式向驾驶人提示系统当前的状态，当存在车道偏移时，提醒驾驶人及时修正行驶方向，并可以根据偏移量的大小实现不同程度的预警效果。

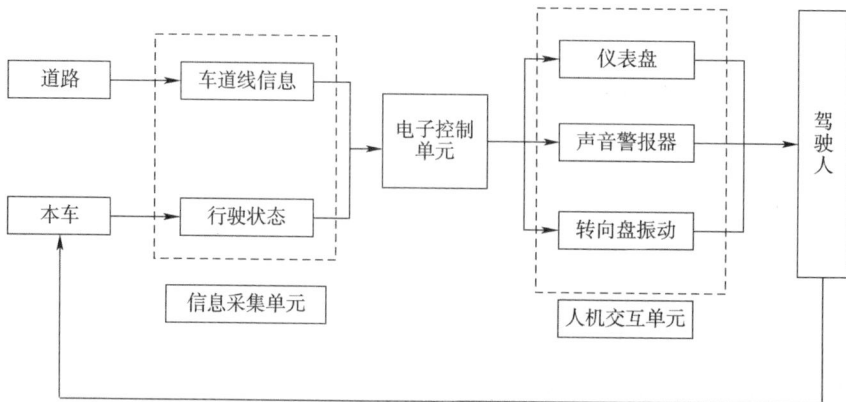

图 5-19　车道偏离预警系统的组成

（二）车道偏离预警系统工作原理

车道偏离预警系统可以在行车的全程自动或手动开启，以监控汽车行驶的轨迹。当系统正常工作时信息采集单元将采集车道线位置、车速、汽车转向角等信息，电子控制单元将所有的数据转换到统一的坐标系下进行分析处理，从而获得汽车在当前车道中的位置参数，并判定汽车是否发生非正常的车道偏离。当检测到在未开启转向灯的情况下，汽车距离当前车道线过近并有可能偏入临近车道时，人机交互系统就会通过转向盘振动、仪表盘警示图标、语音提示等方式发出警告，提醒驾驶人注意纠正这种无意识的车道偏离，及时回到当前行驶车道上，从而尽可能地减少车道偏离事故的发生。为了能够给驾驶人提供更多的反应时间和操控时间，车道偏离预警系统需要在偏离车道线之前发出提示。如果驾驶人打开转向灯，正常进行变道行驶，则车道偏离预警系统不会做出任何提示。

三、驾驶人疲劳预警系统

驾驶人疲劳预警系统是指驾驶人精神状态下滑或进入浅层睡眠时，系统会依据驾驶人精神状态指数分别给出语音提示、振动提醒、电脉冲警示等，警告驾驶人已经进入疲劳状态，需要休息，如图 5-20 所示。其作用就是监视并提醒驾驶人自身的疲劳状态，减少驾驶人疲劳驾驶的潜在危害。

驾驶人疲劳预警系统也称为防疲劳预警系统、疲劳识别系统、注意力警示辅助系统、驾驶人安全警告系统等。

图 5-20　驾驶人疲劳预警系统

(一)驾驶人疲劳预警系统组成

驾驶人疲劳预警系统一般由信息采集单元、电子控制单元和预警显示单元等组成,如图 5-21 所示。

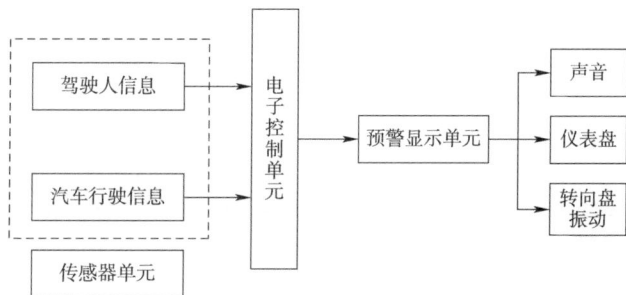

驾驶人疲劳检测

图 5-21 疲劳驾驶预警系统的组成

(1)信息采集单元。信息采集单元主要利用传感器采集驾驶人信息和汽车行驶信息,驾驶人信息包括驾驶人的面部特征、眼部信号、头部运动性等,汽车行驶信息包括转向盘转角、行驶速度、行驶轨迹等,这些信息的采集取决于系统的设计。

(2)电子控制单元。ECU 接收信息采集单元传送的信号,进行运算分析,判断驾驶人疲劳状态;如果经计算分析,发现驾驶人处于一定的疲劳状态,则向预警显示单元发出信号。

(3)预警显示单元。预警显示单元根据 ECU 传递的信息,通过语音提示、振动提醒、电脉冲警示等方式对驾驶人疲劳进行预警。

(二)驾驶人疲劳检测方法

驾驶人疲劳检测方法主要有基于驾驶人自身特征(包括生理信号和生理反应特征)的检测方法、汽车行驶状态的检测方法和多特征信息融合的检测方法等。

1. 基于驾驶人生理信号的检测方法

驾驶人在疲劳状态下,一些生理指标如脑电、心电、肌电、脉搏、呼吸等会偏离正常状态,因此,可以通过生理传感器检测驾驶人的这些生理指标来判断驾驶人是否处于疲劳状态。

(1)脑电信号检测。脑电信号是人脑机能的宏观反应,利用脑电信号反映人体的疲劳状态,客观并且准确,脑电信号被誉为疲劳监测中的"金标准"。人在疲劳状态下,慢波增加,快波降低。利用脑电信号检测驾驶人疲劳状况,判定的准确率较高,但是操作复杂且不适合车载实时监测。

(2)心电信号检测。心电图指标主要包括心率及心率变异性等。其中,心率信号综合反映了人体的疲劳程度与任务和情绪的关系。心率变异性是心脏神经活动的紧张度和均衡度的综合体现。心电信号是判定驾驶疲劳的有效特征,准确度高。利用心电信号检测人体疲劳状况需要将电极与人身体相接触,会给驾驶人的正常驾驶带来不便。

(3)肌电信号检测。肌电信号反映人体的疲劳程度。肌电图的频率随着疲劳的产生和疲劳程度的加深呈现下降趋势,而肌电图的幅值增大则表明疲劳程度增大。该方法测试比较简单,结论较明确。

(4)脉搏信号检测。人体精神状态不同,心脏活动和血液循环也会有差异,而人体脉搏波的形成依赖于心脏和血液循环,因此,利用脉搏波监测驾驶人的疲劳状态具有可行性。

(5)呼吸信号检测。人体疲劳状态的一个重要表现就是呼吸频率降低,呼吸变得平稳。在正常驾驶过程中,驾驶人精神集中,呼吸的频率相对较高,如果驾驶期间与他人交谈,呼吸波的频率变得更高,同时呼吸的周期性变差。当驾驶人疲劳驾驶时,注意力集中程度降低,思维不活跃,此时呼吸变得平缓。因此,通过检测驾驶人的呼吸状况来判定疲劳驾驶也成为研究疲劳驾驶预警系统的一个重要方面。

基于驾驶人生理信号的检测方法客观性强,准确性高,但与检测仪器有较大关系,都是接触式检测,会干扰驾驶人的正常操作,影响行车安全。由于不同人的生理信号特征有所不同,并与心理活动关联较大,在实际用于驾驶人疲劳检测时有很大的局限性。

2. 基于驾驶人生理反应特征的检测方法

基于驾驶人生理反应特征的检测方法一般采用非接触式检测,利用机器视觉技术检测驾驶人面部的生理反应特征,如眼睛特征、视线方向、嘴部状态、头部位置等来判断驾驶人疲劳状态。

(1)眼睛特征检测。驾驶人眼球的运动和眨眼信息被认为是反映其疲劳的重要特征,眨眼幅度、眨眼频率和平均闭合时间都可直接用于检测疲劳程度。目前,被认为最有应用前景的实时疲劳检测方法——PERCLOS(Percent of Eye Closure)指在一定的时间内眼睛闭合时所占的时间比例检测,指出 PERCLOS 的 P80(单位时间内眼睛闭合程度超过80%的时间占总时间的百分比以上的)与驾驶疲劳程度的相关性最大。为了提高疲劳检测准确率,可以综合检测平均睁眼程度、最长闭眼时间等疲劳指标,可以达到较高的疲劳检测准确率。通过眼睛特征检测驾驶人的疲劳程度,不会对驾驶人行为带来任何干扰,因此它成为这一领域现行研究的热点。

(2)视线方向检测。把眼球中心与眼球表面亮点的连线定为驾驶人视线方向。正常状态下,驾驶人正视车辆运动前方,同时视线方向移动速度比较快;疲劳时,驾驶人视线方向的移动速度会变慢,表现出迟钝现象,并且视线轴会偏离正常的位置。通过摄像头获取眼睛的图像,对眼球建模,把视线是否偏离正常范围作为判别驾驶人是否疲劳的特征之一。

(3)嘴部状态的检测。人在疲劳时往往有频繁的哈欠动作,如果检测到哈欠的频率超过一个预定的阈值,则判断驾驶人已处于疲劳状态。基于此原理,可以完成对驾驶人的疲劳检测。

(4)头部位置检测。在驾驶过程中,驾驶人正常和疲劳时其头部位置是不同的,可以利用驾驶人头部位置的变化检测疲劳程度。利用头部位置传感器,对驾驶人的头部位置进行实时跟踪,并且根据头部位置的变化规律判定驾驶人是否疲劳。

基于驾驶人生理反应特征的检测方法的优点是表征疲劳的特征直观、明显,可实现非接触检测;缺点是检测识别算法比较复杂,疲劳特征提取困难,且检测结果受光线变化和个体生理状况的变化影响较大。

3. 基于汽车行驶状态的检测方法

基于汽车行驶状态的疲劳检测方法,不是从驾驶人本人出发去研究,而是从驾驶人对汽车的操控情况去间接判断驾驶人是否疲劳。该种检测方法主要利用 CCD 摄像头和车载传感器检测汽车行驶状态,间接推测驾驶人的疲劳状态。

(1)基于转向盘的疲劳检测。基于转向盘的检测包括转向盘转角信号检测和转向盘力信号检测。

驾驶人疲劳时对汽车的控制能力下降,转向盘转角左右摆动的幅度会较大,然后在一段时间内其值没有明显变化,同时操纵转向盘的频率会下降。通过对转向盘转角时域、频域和幅值域的分析,转向盘转角的方差或平方差可以作为疲劳驾驶评价指标。通过检测驾驶人驾驶过程中转向盘的转角变化情况来检测驾驶人的疲劳情况,是疲劳预警系统研究的热点方向。这种方法数据准确,算法简单,并且该信号与驾驶人疲劳状况联系紧密。

驾驶人疲劳时,其对转向盘的握力逐渐减小。通过传感器实时检测驾驶人把握转向盘的力,通过一系列分析,判断驾驶人的疲劳程度。

驾驶人对转向盘的操纵特征能间接、实时地反映驾驶人的疲劳程度,具有可靠性高、无接触的优点,由于传感器技术的限制,其准确度有待提高。

(2)汽车行驶速度检测。通过实时检测汽车的行驶速度,判断汽车是处于有效控制状态还是处于失控状态,从而间接判断驾驶人是否疲劳。

(3)车道偏离检测。驾驶人疲劳驾驶时,由于注意力分散,反应迟钝,汽车可能偏离车道。

基于汽车行驶状态的检测方法优点是非接触检测,信号容易提取,不会对驾驶人造成干扰,以汽车的现有装置为基础,只需增加少量的硬件,具有很高的实用价值;其缺点是受到汽车的具体型号、道路的具体情况,以及驾驶人的驾驶习惯、驾驶经验和驾驶条件等限制。目前,此方法测量的准确性不高。

4.基于多特征信息融合的检测方法

依据信息融合技术,将基于驾驶人生理特征、驾驶行为和汽车行驶状态相结合是理想的检测方法,大大降低了采用单一方法造成的误警或漏警现象。信息融合技术的应用,使疲劳检测技术得到更进一步的发展和提高,能客观、实时、快捷、准确地判断出驾驶人的疲劳状态,避免疲劳驾驶所引起的交通事故,是疲劳检测技术的发展方向。

第3节 主动控制类先进驾驶辅助系统

一、车道保持辅助系统

车道保持辅助系统(Lane Keeping Assist System,LKS)属于智能驾驶辅助系统中的一种,它可以在车道偏离预警系统的基础上,对转向和制动系统进行协调控制,使车辆保持在预定车道上行驶,以减轻驾驶人驾驶负担,如图 5-22 所示。

图 5-22　车道保持辅助系统

（一）车道保持辅助系统组成

车道保持辅助系统主要由信息采集单元、电子控制单元和执行单元等组成，如图 5-23 所示。

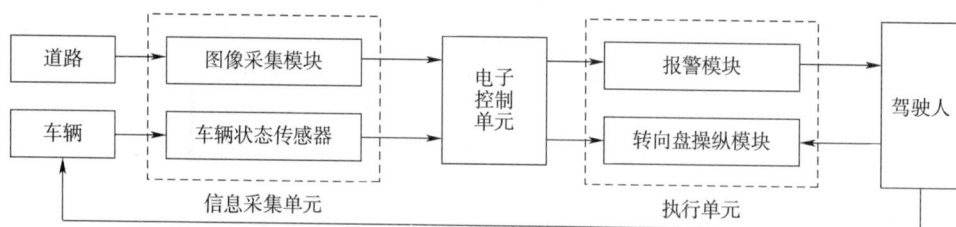

图 5-23　车道保持辅助系统的组成

（1）信息采集单元。信息采集单元分别通过多功能摄像头和车辆状态传感器采集道路信息和车辆状态信息（加速踏板位置、制动开关、转向灯开关等），并把这些信息发送给电子控制单元。

（2）电子控制单元。电子控制单元对采集的信息进行分析、计算、判断等，并将处理结果指令发送给执行单元。

（3）执行单元。执行单元根据控制单元的指令执行报警提示或转向盘操作。

（二）车道保持辅助系统工作原理

车道保持辅助系统，主要由组合仪表盘、集成有车道保持辅助系统开关的转向灯操纵杆、多功能转向盘、转向柱电子控制单元、带有加热装置的车道辅助控制单元、电控机械转向助力总成、摄像头等组成，如图 5-24 所示。

车道保持辅助系统工作过程包括车道保持辅助系统的开启和车道保持辅助系统的工作状态。

1. 车道保持辅助系统开启

通过操作转向灯操作杆端部的车道保持辅助系统开关，开启系统，如图 5-25 所示。

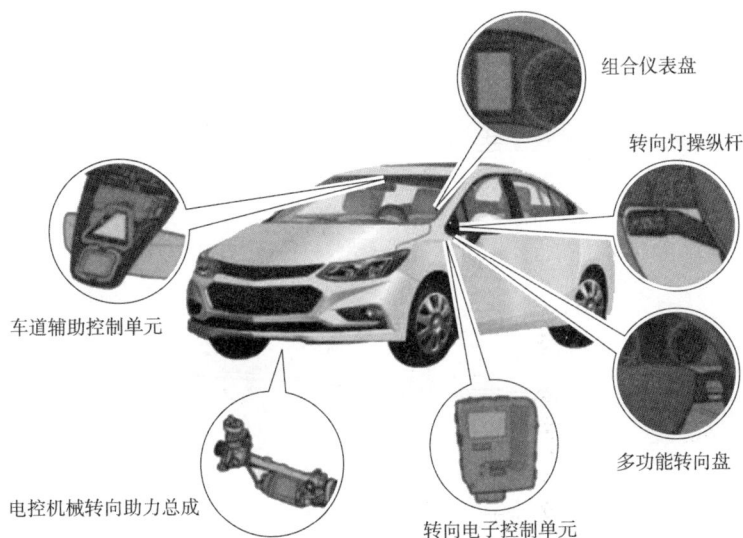

组合仪表盘

转向灯操纵杆

车道辅助控制单元

多功能转向盘

电控机械转向助力总成

转向电子控制单元

图 5-24　车道保持辅助系统部件组成

图 5-25　车道保持辅助系统的开启

2. 车道保持辅助系统工作过程

当车道保持辅助系统开关打开、不开转向灯、道路标记线清晰且车速大于等于 65km/h 时,车道保持系统开始工作。摄像头会不断采集道路信息,并由系统分析出车道的走向和两侧边界线。接着,通过转向盘转角传感器和车速信号等,判断出车辆的行驶方向。最后,通过比较车道线和车辆的行驶方向,判断车辆是否偏离行驶车道,如图 5-26 所示。

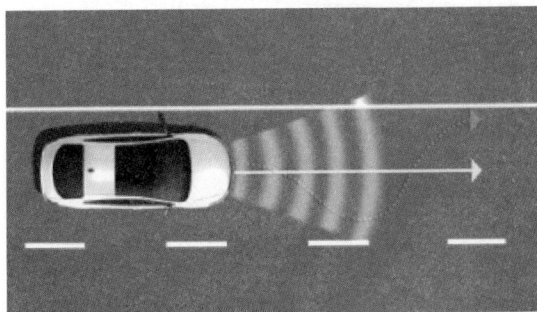

图 5-26　车道偏离检测

当可能偏离车道时,车辆发出车道偏离预警提示;当偏离车道后,车道辅助控制单元会计算出辅助转向力、对应偏离程度控制转向柱电子控制单元,并施加一定的转向力使车辆回到正常车道中。

转向干预最长持续时间只有100s,在此时间内,若车辆重新回到车道内,则修正过程结束;反之,系统将振动转向盘并发出警告声,以提醒驾驶人。

车道保持辅助系统满足下列条件才能正常工作。

(1)道路标线清晰可识别。

(2)车辆速度大于等于65km/h。

(3)车道宽度2.45~4.6m。

(4)驾驶人手握转向盘。

(5)转弯半径大于250m。

(6)不打开转向灯。

(7)驾驶人施加的反向修正力矩不大于3N·m。

二、自动泊车辅助系统

自动泊车辅助系统(Auto Parking Assist,APA)是利用车传感器探测有效泊车空间并辅助控制车辆完成泊车操作的一种先进驾驶辅助系统,如图5-27所示。

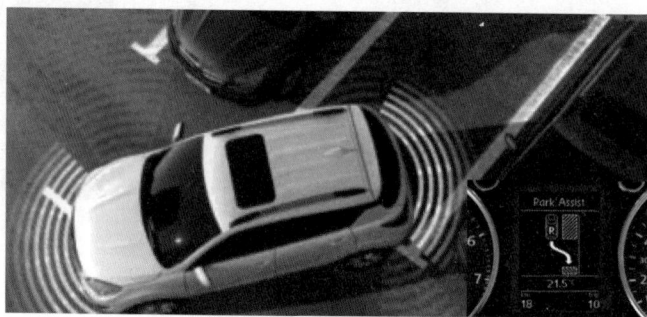

图5-27　自动泊车辅助系统

与传统的电子辅助功能(如倒车雷达、倒车影像显示等)相比,自动泊车辅助系统智能化程度更高,减轻了驾驶人的操作负担,有效降低了泊车的事故率。

(一)自动泊车辅助系统组成

自动泊车辅助系统主要由信息检测单元、电子控制单元和执行单元等组成,如图5-28所示。

(1)信息检测单元。信息检测单元是自动泊车系统的"耳朵和眼睛",它利用摄像头或雷达传感器对路面环境和车辆位置等进行检测,可采集图像数据及周围物体与车身间的距离数据,并通过数据线将采集到的数据发送到电子控制单元。

(2)电子控制单元。电子控制单元是自动泊车系统的核心,它将信息检测单元上传的数据进行分析处理后,得出车辆当前位置、目标位置和周围环境参数等信息,依据这些信息做出自动泊车策略,并将其转换成电信号发送给执行单元。

（3）执行单元。执行单元接收电子控制单元的指令,精确控制转向盘的转动、加速和制动踏板,以使车辆能准确跟踪路径,并随时准备接收中断或紧急停车。

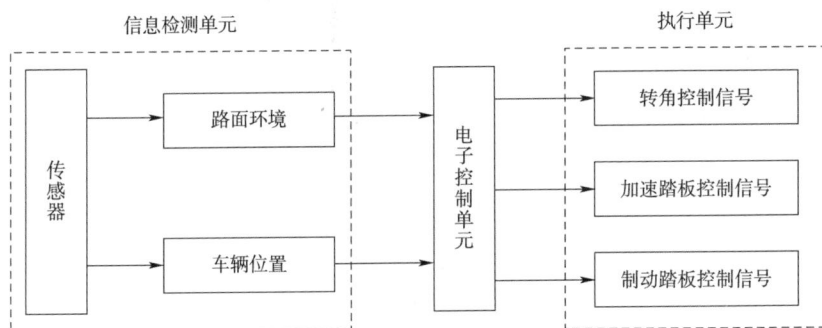

图 5-28　自动泊车辅助系统组成

(二) 自动泊车辅助系统工作原理

以某车型为列讲解自动泊车辅助系统工作原理,其主要由自动辅助泊车按钮、蜂鸣器、ESP 控制单元、自动泊车辅助转向控制单元等组成,如图 5-29 所示。

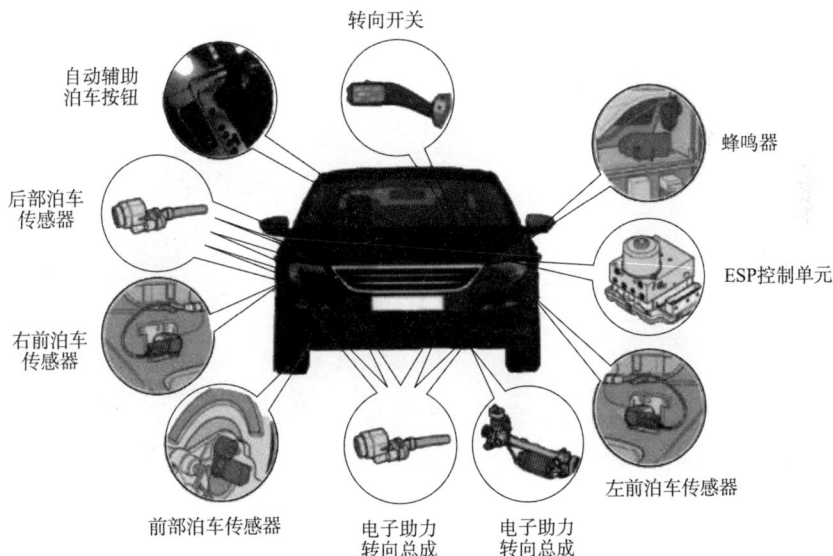

图 5-29　自动泊车辅助系统部件组成

自动泊车辅助系统工作原理是车辆通过泊车传感器以及其他传感器扫描出车辆周围环境,通过对环境区域的分析和建模,搜索空的泊车位,当确定空车位后,系统提示驾驶人停车并自动启动泊车程序,根据获取的车位大小、位置信息,由程序计算出泊车路径,然后自动操纵车辆泊车入位。

自动泊车的工作过程包括激活系统、车位检测、路径规划和路径跟踪,如图 5-30 所示。

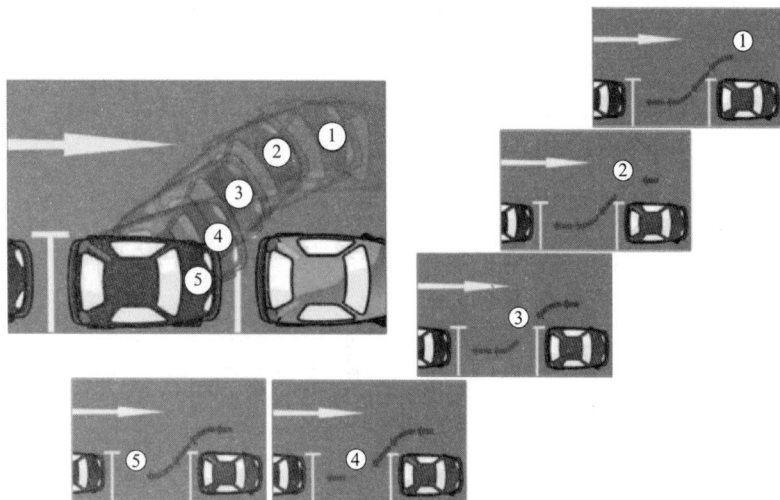

图 5-30　自动泊车过程

1．激活系统

当车辆速度小于 30km/h 时，按下自动泊车辅助系统按钮，如图 5-31 所示，同时打开 ESP，激活系统；或者根据车速自动启动自动泊车辅助系统。

2．车位检测

车辆以小于 30km/h 的速度行驶，并通过车载泊车传感器及其他传感器获取环境信息，识别目标车位后，通过蜂鸣器提示驾驶人。当前停车位要满足与其他车位的车辆横向间距 a 为 0.5～1.5m，驶过角小于 20°，如图 5-32 所示。

图 5-31　激活自动泊车辅助系统按钮

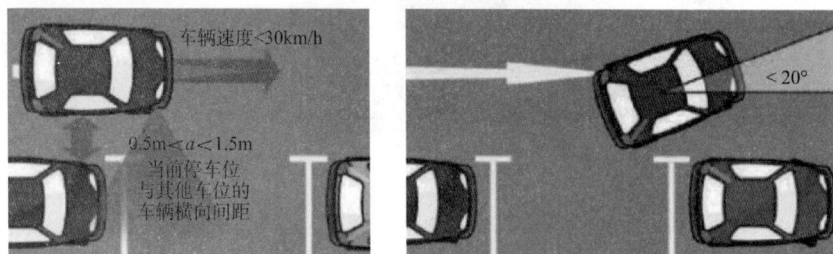

图 5-32　车位检测

3．路径规划

驾驶人将车挂入倒挡后，电子控制单元根据所获取的环境信息对车辆和环境建模，并计算出能使车辆安全泊入车位的倒车路径，如图 5-33 所示。

车辆以小于 7km/h 的速度倒车过程中，根据车辆的实际位置不断变化，同时通过转向盘转角传感器、加速踏板和 ESP 系统的协调控制，使车辆跟踪预先规划的泊车路径，直至车辆安全停入车位。停车完成后，组合仪表提示关闭自动泊车辅助系统，完成自动泊车辅助。

自动泊车系统在以下情况下无法使用。

（1）在向后倒停车时，驾驶人将车速提高到 7km/h 以上。

（2）停车过程未在挂入倒挡后的 180s 内完成。

（3）在转向过程中，驾驶人作用在转向盘上的转向力矩大于 5N·m。

（4）在停车过程中，倒挡被挂出。

（5）在停车过程中，ESP 被关闭。

（6）在停车过程中，按下了驻车转向辅助系统按键，关闭了驻车转向辅助系统。

图 5-33　路径规划

4. 智能泊车系统的架构

不论是全自动泊车还是半自动泊车，一个好的智能泊车系统都包含传感器系统、中央控制系统及执行系统三部分，如图 5-34 所示。

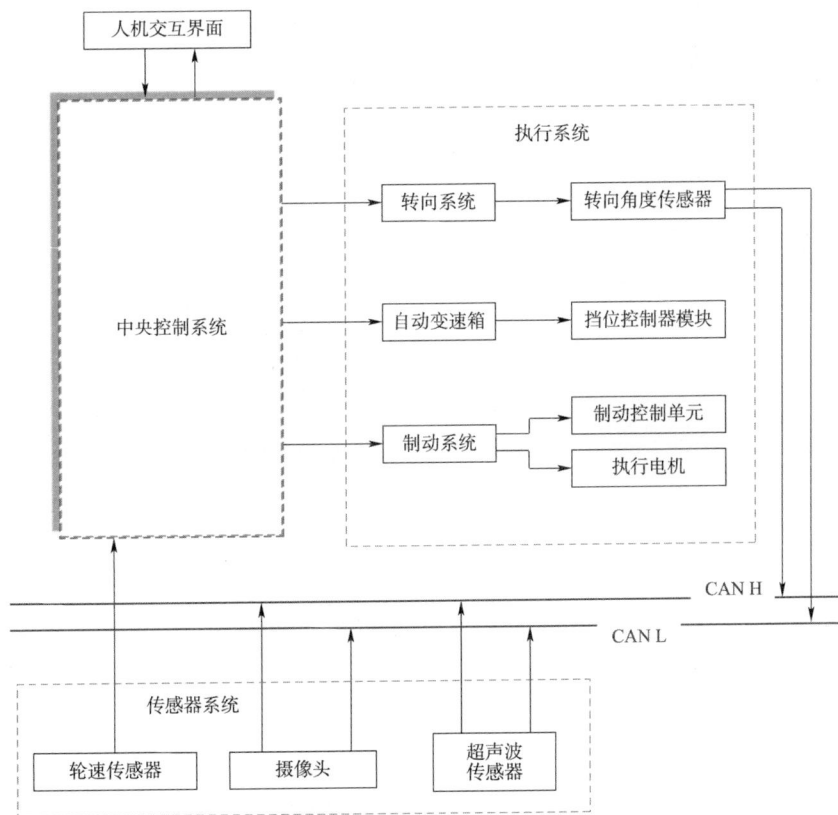

图 5-34　自动泊车系统组成

三、自动紧急制动系统

自动紧急制动系统（Autonomous Emergency Braking, AEB）可以预知潜在的碰撞危险并及时向驾驶人发出警示信号，提示驾驶人做好紧急制动准备，如图 5-35 所示。同时，系统也会在必要的情况下，自动控制制动系统完成制动操作，以避免或减轻碰撞伤害。

图 5-35　自动紧急制动系统

自动紧急制动
系统

（一）自动紧急制动系统组成

自动紧急制动系统主要由行车环境信息采集单元、电子控制单元和执行单元等组成，如图 5-36 所示。

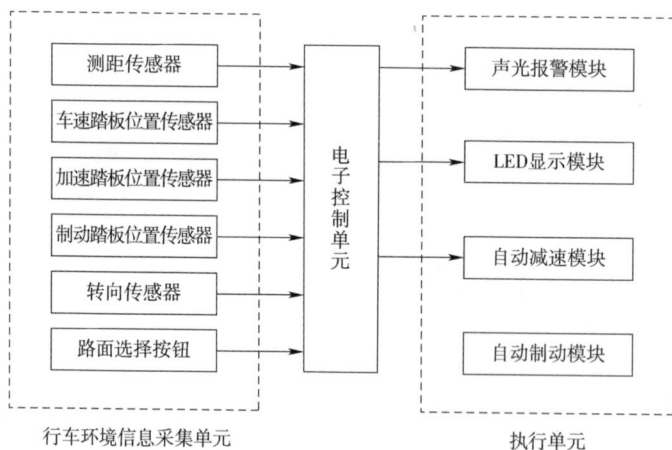

图 5-36　自动紧急制动系统组成

（1）行车环境信息采集单元。行车环境信息采集单元由测距传感器、车速传感器、加速踏板位置传感器、制动踏板位置传感器、转向传感器、路面选择按钮等组成，对行车环境进行实时检测，得到相关行车信息。需要采集的信息因系统不同而不同，所有采集到的信息都将被送往电子控制单元。

测距传感器用来检测本车与前方目标的相对距离以及相对速度，常见的测距技术有超声波测距、毫米波雷达测距、激光测距、红外线测距和视频传感器测距等；车速传感器用来检测本车的速度；加速踏板位置传感器用来检测驾驶人在收到系统提醒报警后，是否及时松开加速踏板对本车进行减速措施;制动踏板位置传感器用来检测驾驶人是否踩下制动踏板,对本车实施制动措施;转向传感器用来检测车辆目前是否正处于弯道路面或超车状态,以判断是否需要进行报警抑制;路面选择按钮是为了方便驾驶人对路面状况信息进行选择,从而方便系统对报警距离的计算。

(2)电子控制单元。电子控制单元接收行车环境信息采集单元的检测信号后,综合收集到的数据信息,依照一定的算法程序对车辆行驶状况进行分析计算,判断车辆所适用的预警状态模型,同时对执行单元发出控制指令。

(3)执行单元。执行单元可以由多个模块组成,如声光报警模块、LED 显示模块、自动减速模块和自动制动模块等,根据系统不同而不同。它用来接收电子控制单元发出的指令,并执行相应的动作,达到预期的预警效果,实现相应的制动功能。当系统检测到存在危险状况时,首先进行声光报警,提醒驾驶人;当系统发出报警之后,如果驾驶人没有松开加速踏板,则系统会发出自动减速控制指令;在减速之后,如果系统仍检测到危险存在时,说明车辆处于极度危险状态,需要对车辆实施自动强制制动。

(二)自动紧急制动系统原理

自动紧急制动系统利用测距传感器测出与前车或障碍物的距离,然后利用电子控制单元将测出的距离与报警距离、制动干预距离等进行比较,小于报警距离时就进行报警提示,而小于制动干预距离时即使驾驶人没有来得及踩制动踏板的情况下,自动紧急制动系统也会启动,使车辆自动制动,从而提高车辆的行驶安全,如图 5-37 所示。

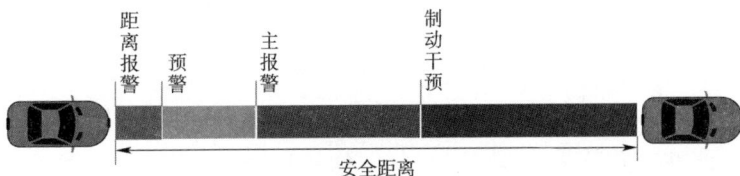

图 5-37 自动紧急制动系统工作工程

四、自适应巡航控制系统

自适应巡航控制系统(Adaptive Cruise Control, ACC)是在定速巡航控制系统基础上发展起来的新一代先进驾驶辅助系统。它将汽车定速巡航控制系统和车辆前向碰撞报警系统有机结合起来,既有定速巡航控制系统的全部功能,也可以通过车载雷达等传感器监测汽车前方的道路交通环境,一旦发现当前行驶车道的前方有其他前行车辆,将根据本车和前车之间的相对距离和相对速度等信息,对车辆进行纵向速度控制,使本车与前车保持安全距离行驶,避免追尾事故发生,如图 5-38 所示。

(一)自适应巡航控制系统组成

自适应巡航控制系统主要由信息感知单元、电子控制单元、执行单元和人机交互界面等组成,如图5-39所示。

图5-38 自适应巡航控制系统控制安全距离

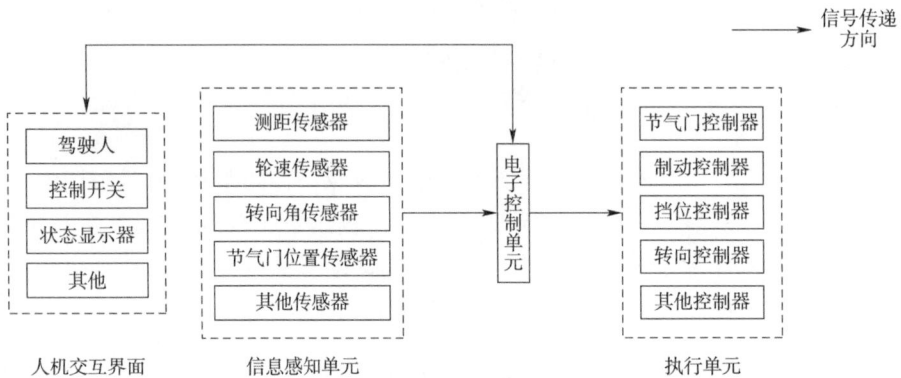

图5-39 自适应巡航控制系统组成

(1)信息感知单元。信息感知单元主要用于向电子控制单元提供自适应控制所需要的各种信息。它包括测距传感器、轮速传感器、转向角传感器、节气门位置传感器、制动开关等。测距传感器用来获取车间距离;转速传感器用于获取实时车速信号;转向角传感器用于获取汽车转向信号;节气门位置传感器用于获取节气门开度信号;制动开关用于获取制动踏板动作信号。

(2)电子控制单元。电子控制单元根据驾驶人所设定的安全车距及巡航行驶速度,结合信息感知单元发送来的信息确定当前车辆的行驶状态,决策出车辆的控制策略,并输出给执行单元。例如当两车间的距离小于设定的安全距离时,电子控制单元计算出实际车距和安全车距之比及相对速度大小,选择减速方式,同时通过报警装置向驾驶人发出报警,提醒驾驶人采取相应的措施。

(3)执行单元。执行单元主要执行电子控制单元发出的指令,包括节气门控制器、制动控制器、挡位控制器和转向控制器等。节气门控制器用于调整节气门的开度,使车辆加速、减速及定速行驶;制动控制器用于紧急情况下的制动;挡位控制器用于控制车辆变速器的挡位;转向控制器用于控制车辆行驶方向。

(4)人机交互界面。人机交互界面用于驾驶人设定系统参数及状态信息的显示等。驾驶人可通过仪表盘或转向盘上的人机交互界面启动或关闭ACC系统。启动ACC系统时,要设定当前车辆在巡航状态下的车速和与目标车辆间的安全距离;否则,ACC系统将自动设置为默认值,但所设定的安全距离不可小于设定车速下交通法规所规定的安全距离。

(二) 自适应巡航控制系统原理

自适应巡航控制系统主要由前部摄像头、ACC操纵杆、ACC控制单元、组合仪表和雷达传感器等组成,如图5-40所示。

驾驶人打开ACC开关,设定好安全车距和车速,且车辆状态满足ACC系统工作条件时,ACC系统才能正常工作。ACC系统开始工作后,安装在车辆前部的摄像头和雷达传感器会持续不断地扫描车辆前方的道路和探测前方是否有行驶车辆,同时轮速传感器也会采集车速信号。当前方无障碍物时,车辆会按照设定的速度巡航行驶;当前方有其他车辆时,ACC控制单元将根据本车和前车之间相对距离及相对速度等信息,对车辆纵向速度进行控制,使本车与前车始终保持安全行驶距离。

图 5-40 自适应巡航控制系统组成

(三) 自适应巡航控制系统的工作模式

汽车ACC系统共有4种工作模式,即巡航控制、减速控制、跟随控制和加速控制,如图5-41所示。图中假设当前车辆设定车速为100km/h,目标车辆行驶速度为80km/h匀速行驶。

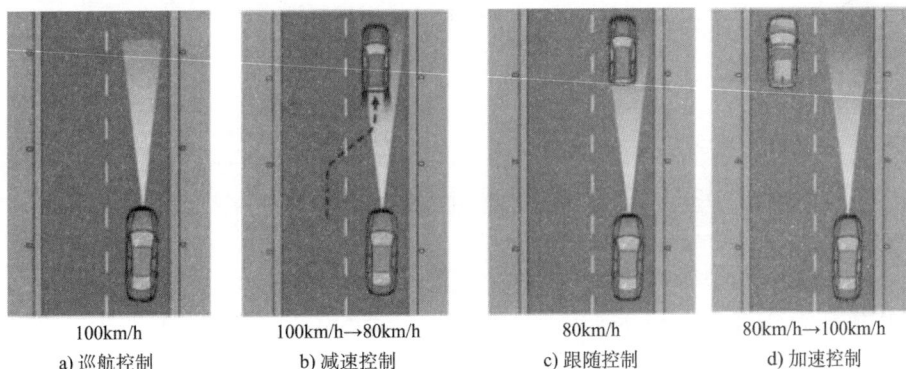

| 100km/h | 100km/h→80km/h | 80km/h | 80km/h→100km/h |
| a) 巡航控制 | b) 减速控制 | c) 跟随控制 | d) 加速控制 |

图 5-41 自适应巡航控制系统工作模式

1. 巡航控制

巡航控制是汽车ACC系统最基本的功能。当前方无车辆时,车辆处于巡航状态,ACC系统按照设定的车速对车辆进行巡航控制。

2. 减速控制

当系统检测到行驶道路前方有其他车辆,且目标车辆的行驶速度小于当前车辆的行驶速度时,ACC系统将控制当前车辆进行减速,确保两车间的安全距离。

3.跟随控制

当ACC系统将车速减至理想的目标之后时,就会采用跟随控制模式,使当前车辆与目标车辆以相同速度行驶。

4.加速控制

当前方的目标车辆加速或变道时,系统检测到当前行驶道路前方无车辆,此时ACC系统就会控制车辆加速行驶,使当前车辆恢复到设定的车速。在恢复行驶速度后,ACC系统又会转入对当前车辆的巡航控制。当驾驶人参与车辆驾驶后,ACC系统会自动退出对车辆的控制。

自适应巡航控制系统只是驾驶辅助系统,不能完全替代驾驶人操作,在以下情况会有功能限制。

(1)雷达传感器能够识别静止物体,但是ACC系统不会对其做出反应(加速或减速)。

(2)ACC不会对横穿物体和迎面而来的物体做出反应。

(3)尽量避免在急弯道、陡坡、高速出口或者工地上行驶时使用ACC。

(4)尽量不要在能见度差或者路况差的情况下使用ACC,防止控制单元外盖被外物弄脏。

习题

一、填空题

1.视野改善类先进驾驶辅助系统主要有_____、_____、_____全景泊车系统等。

2.驾驶人疲劳检测方法主要有基于驾驶人自身特征(包含生理信号与生理反应特征)的检测方法,_____与_____等。

3.汽车ACC系统工作模式主要有_____、_____、_____加速控制,停车控制与启动控制等。

4.汽车AFS照明模式主要有_____、_____、_____、_____、_____等。

5.车道保持辅助系统主要由_____与_____等组成。

二、选择题

1.ACC的目的是通过对车辆(　　)运动进行自动控制,以减轻驾驶人的劳动强度。

　　A.横向　　　　　　B.纵向　　　　　　C.泊车　　　　　　D.变道

2.自适应巡航控制不能通过控制(　　)实现与前车保持适当距离的目的。

　　A.发动机　　　　　B.传动系统　　　　C.制动器　　　　　D.转向

3.先进驾驰辅助系统主要分为两大类:信息辅助类和控制辅助类。以下不属于信息辅助类的是(　　)。

　　A.前方交通穿行提示　　　　　　　　B.盲区监调

　　C.智能限速提醒　　　　　　　　　　D.交通拥堵辅助

4.先进驾驶辅助系统按照环境感知系统的不同可以分为自主式和网联式两种,目前自主式和网联式的发展,(   )。

    A. 自主式为主,网联式为辅   B. 自主式为辅,网联式为主

    C. 自主式和网联式融合完好   D. 以上均不对

5. 车道保持辅助系统属于智能驾驶辅助系统中的一种,它可以在车道偏离预警系统的基础上对制动控制协调装置进行控制。如果车辆识别到接近标记线并可能脱离行驶车道,会通过(   )的振动,或者声音来提醒驾驶人注意。

    A. 转向盘   B 发动机   C. 车辆   D. 轮胎

6. 疲劳驾驶预警系统是利用驾驶人的(   )、眼部信号、头部运动性等推断驾驶人的疲劳状态,并进行提示报警和采取相应措施的装置,是对行车安全给予主动的智能安全保障系统。

    A. 面部特征   B. 心理特征   C. 生理特征   D. 健康特征

7. 关于汽车 ACC 系统说法错误的是(   )。

    A. 汽车 ACC 系统可以自动控制车速

    B. ACC 系统工作过程中,驾驶人踩制动踏板,ACC 系统会终止巡航控制

    C. ACC 系统工作过程中,驾驶人踩加速踏板,ACC 系统会终止巡航控制且不再启动

    D. 汽车 ACC 系统可以减轻驾驶人的疲劳度

8. 汽车自适应巡航控制系统的电子控制单元通过计算实际车距和安全车距之比及(   )的大小,选择(   )方式。

    A. 相对速度,加速   B. 相对速度,减速   C. 绝对速度,加速   D. 绝对速度,减速

三、简答题

1. ADAS 的含义是什么?

2. ADAS 预警系统的组成和主要功能是什么?

3. ADAS 驾驶辅助系统的组成和主要功能是什么?

第六章

智能网联汽车通信技术

知识目标

(1)了解 V2X 技术以及发展的现状。

(2)了解 V2X 技术在智能网联汽车中的应用场景。

(3)了解数据云平台在智能网联汽车的应用与前景。

(4)了解信息安全在智能网联汽车中的重要性。

技能目标

针对智能网联汽车的特点,能够分析智能网联汽车有可能存在的安全隐患。

素养目标

(1)培养学生务实创新的工作特质。

(2)提升学生知识转化和应用的能力。

第1节　V2X 技术在智能网联汽车上的应用

一、V2X 技术的发展

V2X,即 Vehicle to Everything,车联万物。简单来说,就是赋予车辆通信能力,通过车对车(V2V)、车对行人(V2P)、车对基础设施(V2I)、车对网络(V2N),让驾乘体验更加舒适,交通环境更加安全,适应未来的自动驾驶。

随着近几年汽车技术的发展,全球车联网产业进入快速发展阶段,信息化、智能化引领全球车联网服务需求逐渐加大。目前,中国、俄罗斯、西欧和北美等国家和地区 70% 以上的新组装车辆都已配备互联网接口。到 2022 年全球联网汽车的市场保有量达 3.5 亿辆,预计到 2025 年将突破 10 亿辆。从车载信息服务平台应用规模来看,目前形成数百家规模厂商,例如安吉星全球用户已突破 700 万人。2023 年中国车联网用户规模达到 2 亿人,已成为全球最重要的车联网市场。未来,与大数据、云计算等技术创新融合将加快车联网市场的渗透。

车联网是以车内网、车际网和车载移动互联网为基础,按照约定的通信协议和数据交互标准,在车与 X(车、路、行人及互联网等)之间,进行无线通信和信息交换的系统网络,是能够实现智能化交通管理、智能动态信息服务和车辆智能化控制的一体化网络,如图 6-1 所示。

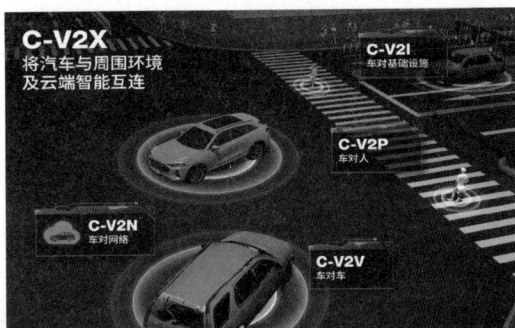

图 6-1 车联网的应用

二、V2X 应用场景

V2X 可以实现车于车之间的信息交互,通过信息交互的辅助,可以极大地提升道路的交通安全。

1. 车路协同(V2I)

车路协同是指车辆与道路基础设施之间的信息交互和协同工作,旨在提供更安全、高效和便利的交通环境,如图 6-2 所示。智能网联汽车是指在车辆中搭载了先进的通信和感知技术,能够与其他车辆、道路基础设施和交通管理系统进行实时通信和数据交换的汽车。

车路协同和智能网联汽车的结合可以实现车辆与道路基础设施之间的实时信息共享和协同决策,从而提升交通系统的安全性、效率和便利性。通过车辆之间的通信,可以实时传输交通状况、车辆位置、行驶意图等信息,使车辆能够更好地预测和应对周围环境的变化,减少交通事故的发生。同时,车辆与道路基础设施之间的通信可以提供更精确和实时的交通管理指导,优化交通信号灯控制、路况调度等,提高道路的通行效率,减少拥堵。

图 6-2 车路协同示意图

2. 车车协同(V2V)

车车协同技术在智能网联汽车中起到了重要的作用。通过车车协同,车辆可以实时获取周围车辆的位置、速度、加速度等信息,从而实现交通流的优化、碰撞预警、交通信号优化等功能,如图 6-3 所示。例如,在交通拥堵时,车辆可以通过车车协同的方式共享实时交通状况,帮助其他车辆选择更合适的路线,减少交通阻塞。

车车协同还可以应用于自动驾驶技术。通过车车协同,自动驾驶车辆可以实时感知周围车辆的动态,避免与其发生碰撞,保障行车安全。此外,车车协同还可以实现车队协同行驶,多辆车之间可以以协同的方式进行行驶和操作,提高行车效率和流量利用率。

3. 远程驾驶

远程驾驶是指通过云平台和远程控制中心对智能网联汽车进行远程操控和监控的技术。它将云计算、大数据、通信技术和智能网联汽车相结合,实现对车辆的远程操作和管理,如图 6-4 所示。

图 6-3　车车协同示意图

图 6-4　驾驶操作台进行远程驾驶

远程驾驶技术为智能网联汽车带来了许多潜在的好处。首先,它可以提供更高的安全性。在紧急情况下,远程驾驶可以及时介入,避免事故的发生。其次,它可以提供更大的便利性。用户可以通过远程驾驶技术,远程控制车辆的启动、停止、导航等操作,实现无人驾驶的体验。再次,远程驾驶技术还可以用于货物运输行业,实现无人驾驶货车,提高运输效率和降低成本。

4. 无人驾驶

智能网联汽车通过车对车(V2V)、车对基础设施(V2I)、车对网络(V2N)、车对行人(V2P)等的通信,进行实时的交通信息交换,可以提前获取交通信息,结合各种传感器,如摄像头、雷达、激光雷达、超声波等,来获得车辆周围的环境信息。使用计算机视觉技术、深度学习等人工智能技术解析收集到的环境数据,理解驾驶环境。决策模块会基于对环境的理解来计划路径和作出动作。例如,判断何时加速,何时减速,何时转向,何时变道或停车等。同时,决策系统还需要根据交通规则和情况进行决策,以保证安全且规范的驾驶。根据决策结果,通过控制系统执行相应的动作,从而实现无人驾驶,如图 6-5 所示。

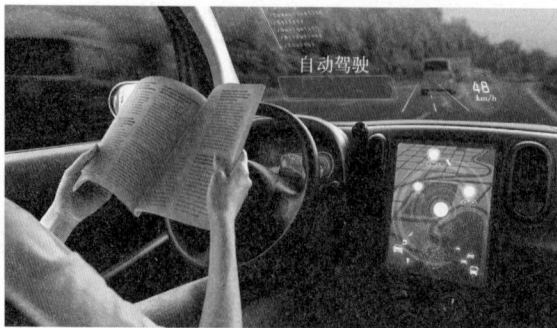

图 6-5　无人驾驶技术

虽然 V2X 技术有许多潜在的好处,但其广泛应用还面临一些挑战,例如标准化、隐私保护、安全性和网络安全等方面的问题。然而,随着技术的不断进步和演进,V2X 智能网联汽车有望成为未来智能出行和交通系统的重要组成部分。

第2节 数据云平台在智能网联汽车上的应用

一、数据云与智能网联汽车关系

数据云是一个数据管理和分析的云计算环境,用于存储、处理和分析大量的数据。它为用户提供了基于云的数据服务,通过强大的存储和计算能力,支持数据处理、数据分析和数据共享等功能。数据云可以承载各种类型的数据,包括智能网联汽车生成的车载传感器数据、车辆运行数据、地图和导航数据等。

智能网联汽车通过与云平台和其他车辆进行通信,实现了车辆之间、车辆与基础设施之间以及车辆与云平台之间的数据交换和智能化服务。智能网联汽车可以获取和生成大量的实时数据,包括车辆状态、位置信息、传感器数据、乘客行为等。这些数据可以通过数据云进行存储、处理和分析,以提供各种智能化的汽车服务,如实时导航、智能驾驶辅助、车辆诊断和预测维护等。

数据云和智能网联汽车之间存在着密切的关系。数据云可以作为智能网联汽车的数据中心,承担存储和处理车辆生成的大量数据的任务。通过数据云,智能网联汽车可以将数据上传到云端进行分析和学习,以改进驾驶体验、优化车辆性能和提供更多智能化的服务。同时,数据云也可以为智能网联汽车提供其他支持服务,例如车辆远程控制、软件更新、车载应用商店等。

数据云提供了处理和分析大规模数据的能力,而智能网联汽车则是一种具备互联网连接和智能化功能的汽车,通过数据云来实现数据管理、处理和智能化服务。数据云在智能网联汽车领域具有重要的作用,能够为智能化的车辆提供强大的数据支持和相关的云服务。

二、数据云在智能网联汽车上的应用

数据云在智能网联汽车上的应用是至关重要的,它为智能网联汽车提供了强大的数据管理、分析和服务平台,推动了汽车与互联网的深度融合。数据云在智能网联汽车上的一些具体应用如下。

1. 智能驾驶和安全性

数据云平台可以收集和处理来自车辆传感器、实时导航系统、摄像头等设备的大量数据,用于智能驾驶和安全功能。通过云平台的实时数据分析和机器学习算法,可以实现车辆的自动驾驶、碰撞预警、车辆健康监测等功能,提高驾驶安全性和舒适性。

2. 用户体验和个性化服务

数据云平台可以收集和分析车辆和驾驶人的数据,提供个性化的驾驶体验和服务。通过分析驾驶人的偏好、习惯和行为模式,可以提供个性化的导航建议、娱乐内容和车辆设置,提升驾驶人的满意度和体验。

3. 车队管理和物流优化

数据云平台可以用于车队管理和物流优化。通过实时追踪车辆位置、监控车辆运行状态和交通情况,以及分析大量的物流数据,可以优化路线规划、配送计划和能源消耗,提高物流效率和成本控制。

4. 数据分享和合作

数据云平台可以作为数据共享和合作的平台,促进汽车制造商、供应商、服务提供商和其他合作伙伴之间的数据交换和合作。通过共享和整合多方数据,可以实现更有效的协同和创新,推动汽车行业的发展。

5. 实时地图和导航更新

数据云可以收集来自智能网联汽车的位置传感器数据,并与其他车辆和交通设施的数据进行整合,实时更新地图和导航信息。这样的实时更新可以提供更准确和可靠的导航指引,帮助驾驶人更快速、安全地到达目的地。

6. 交通流量优化

数据云可以收集和分析大量的交通数据,包括车辆速度、拥堵情况、交通信号等信息。通过实时监测和分析这些数据,可以优化交通流量,减少拥堵,提高道路利用率。同时,基于这些数据,还可以提供智能的出行建议,包括最佳路线规划、交通状况预测等,帮助驾驶人更高效地选择行驶路径。

7. 车辆远程诊断和维护

数据云可以远程收集智能网联汽车的传感器数据、故障码等信息,实现车辆的远程诊断和维护。通过实时监测车辆状态和预测故障,可以提前发现问题并采取相应措施,减少故障发生或减轻故障影响。此外,还可以通过云端发送软件更新和配置修改,提供更好的用户体验和功能升级。

8. 数据共享与车联网服务

数据云为智能网联汽车提供了数据共享和车联网服务的平台。这些数据可以用于智能驾驶算法的训练和改进,也可以与其他合作伙伴共享,推动业务创新和合作发展。同时,数据云还为智能网联汽车提供了诸如实时天气信息、停车场查询、加油站位置等服务,丰富驾驶人和乘客的出行体验。

9. 驾驶行为分析和车险定价

数据云可以收集和分析智能网联汽车的驾驶行为数据,包括加速度、制动、转弯等信息。通过对驾驶行为的评估,可以为客户提供个性化的车险定价,并根据驾驶模式给予驾驶建议或奖励,促进安全驾驶和降低事故风险。

数据云在智能网联汽车上的应用可以改善驾驶体验、提高道路安全性、优化交通效率等,推动智能车联网技术的发展,并为相关行业带来更多的商业机会和创新空间。

三、数据云在智能网联汽车上的应用前景

数据云在智能网联汽车上的应用前景非常广阔。随着智能网联汽车技术的不断发展和普及,数据云将扮演关键的角色,推动汽车行业的转型和创新。数据云在智能网联汽车上的应用前景可以归纳以下几点。

1. 改善驾驶体验

数据云可以收集和分析丰富的车辆和驾驶人数据,为驾驶人提供个性化的驾驶体验。通过实时交通信息、预测路况、推荐路线和目的地定制服务,驾驶人可以更加智能、高效地驾驶,并享受更加舒适和安全的驾驶体验。

2. 提高安全性

数据云可以实时收集和分析来自车辆传感器和其他车辆的数据,用于车辆安全性能的监测和预警。通过实时的数据交换和分析,可以提供驾驶人警报、车辆健康状态监测、碰撞预警等功能,提高道路安全性,避免潜在事故和危险。

3. 优化交通流量和城市规划

数据云可以收集和分析大量的交通数据,包括车辆位置、速度、路况等信息。这些数据可以被用来优化交通信号灯定时、路网规划以及城市交通规划设计。通过实时的数据分析和交通管理,可以减少拥堵、优化交通流量,并为城市规划提供更准确的数据支持。

4. 远程控制和车辆管理

数据云可以为车主和车辆管理者提供远程控制和车辆管理的功能。通过云端连接,车主可以远程监控车辆状态、预约充电桩、锁定车辆等。同时,车辆管理者可以通过数据云实时监测车队的位置和运行状况,进行调度和优化,提高物流效率。

5. 数据驱动的商业模式创新

数据云为汽车制造商、服务提供商和其他合作伙伴提供了大量的车辆和驾驶人数据,促进了新的商业合作和创新模式的诞生。例如,智能网联汽车可以与电商、金融、娱乐等行业进行合作,提供个性化的服务和体验,拓展商业业务的边界。

数据云在智能网联汽车上的应用前景非常广阔。它将促进驾驶体验的改善、提高道路安全性、优化交通流量和城市规划,以及推动智能车联网技术与其他行业的融合和创新。随着技术的进步和数据的增长,数据云将在智能网联汽车领域发挥越来越重要的作用。

第3节　智能网联汽车的信息安全

一、信息安全的分类

智能网联汽车是指具备信息通信技术和自动控制技术,能够实现车与车(V2V)、车与路

（V2I）和车与云端（V2C）之间实时通信与数据交换的汽车系统。然而,智能网联汽车在实现互联互通的同时也面临着云、管、端信息安全威胁,如图6-6所示。下面是几种常见的智能网联汽车信息安全威胁。

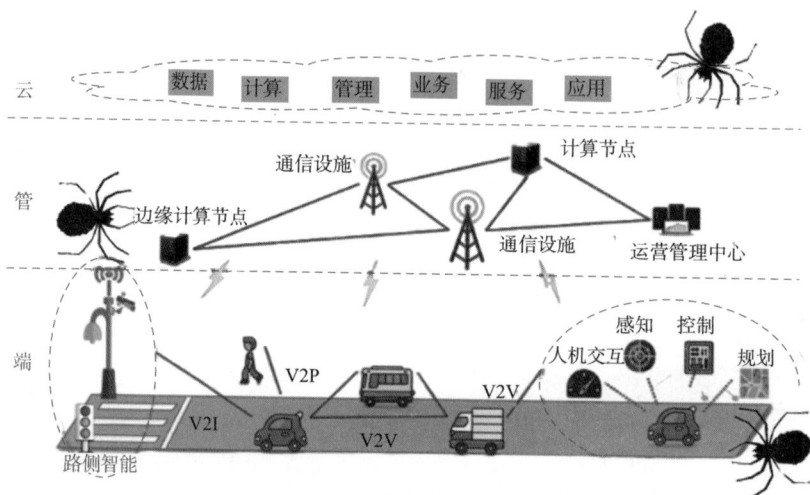

图6-6　云、管、端信息安全威胁

1. 云端网络侵入

如图6-7所示,智能网联汽车与云端服务器之间的通信可能会受到攻击。可以利用云端网络漏洞和弱点,通过远程方式入侵汽车系统,控制车辆的功能,如操控方向盘、制动和加速等,从而对驾驶人和乘客的生命安全造成威胁。

2. 信息数据安全威胁

智能网联汽车会通过传感器、摄像头等设备收集车辆和环境数据,并传输到云端进行分析和处理。在这个过程中,数据可能会被截获、篡改或窃取,如图6-8所示,导致个人隐私泄露、车辆位置暴露和交通数据被滥用的风险。

图6-7　云端网络侵入

图6-8　信息数据安全威胁

3. 车内网络攻击

智能网联汽车内部的电子设备和通信系统构成了一个复杂的车内网络。通过4G、5G通信技术、手机互联、蓝牙、Wi-Fi或物理接口等方式入侵车辆的网络,对车辆内部的控制单元、信息娱乐系统和安全系统进行攻击,从而干扰车辆的正常运行或控制,如图6-9所示。

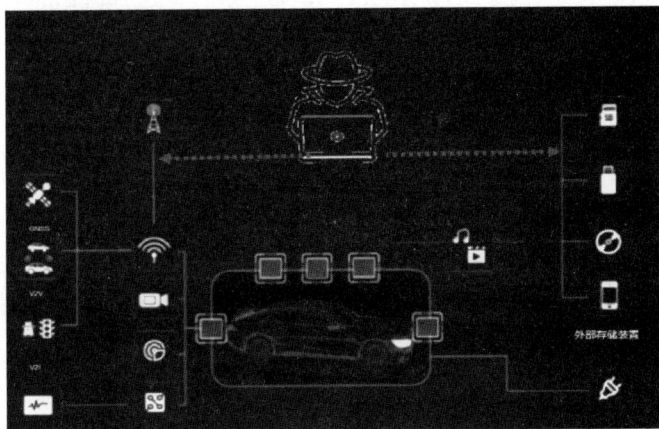

图6-9 车内网络攻击

4. 软件漏洞利用

智能网联汽车的软件系统可能存在着漏洞,不法分子可以利用这些漏洞来执行恶意代码、控制车辆甚至篡改整个软件系统,可能导致车辆失去控制、无法正常启动或产生其他安全问题。

5. 物理攻击

智能网联汽车的物理部件,如传感器、摄像头、通信模块等,也面临被物理攻击的威胁。可以通过破坏或干扰这些部件来破坏整个汽车系统的功能和安全性。

为了应对这些信息安全威胁,智能网联汽车制造商和相关方面需要采取各种安全措施,包括加密通信、身份认证、漏洞修补、网络隔离、行为监测和安全培训等,以确保智能网联汽车的安全性和可靠性。

二、信息安全的防范重点

由于智能网联汽车具有高度的技术复杂性和信息互联性,信息安全成为保障智能网联汽车正常运行和使用的重要环节。智能网联汽车信息安全防范重点如下。

1. 物理安全

智能网联汽车的物理安全是信息安全的基础,包括对车辆硬件、通信设备和传感器等的物理防护措施。例如,防止未经授权的物理访问车辆、保护车辆内部通信网络免受物理攻击以及防止恶意修改或篡改车辆硬件等。

2. 网络安全

智能网联汽车通过车载通信技术和互联网进行数据交换,网络安全是信息安全的重要组成部分。保护车辆网络免受入侵、攻击和恶意软件等的威胁,使用加密通信和身份认证技术确保数据传输的机密性和完整性。

3. 软件安全

智能网联汽车的软件安全具有重要意义,包括车辆控制系统、车载娱乐系统、导航系统等软件的安全性。软件开发过程中应采用安全设计和编码实践,进行安全性评估和测试,以防止软件漏洞和恶意代码的存在。

4. 数据隐私

智能网联汽车产生大量的数据,包括车辆行驶数据、用户个人信息等。保护车辆数据的隐私和机密性,遵守相关的隐私法规和规定,采取适当的数据加密、数据脱敏和权限控制措施,以防止未经授权的数据访问和滥用。

5. 供应链安全

智能网联汽车涉及多个供应商和合作伙伴,保障供应链的安全性是关键。对供应商进行安全审查和评估,确保供应商的产品和服务符合信息安全标准和要求,有效防范供应链攻击和漏洞利用。

6. 安全意识培训

智能网联汽车的信息安全不仅仅依赖于技术措施,还需要车主和车辆用户的安全意识。提供安全意识培训,加强用户对信息安全的了解和认识,教育用户正确使用智能网联汽车和采取必要的安全措施。

智能网联汽车信息安全的防范,需通过综合运用物理安全、网络安全、软件安全、数据隐私、供应链安全和安全意识培训等方面的措施,才能有效提高智能网联汽车的信息安全性及用户的使用体验。

三、智能网联汽车的信息安全应对策略

智能网联汽车的信息安全是一个重要的议题,因为这些车辆与互联网连接并且携带大量的个人和车辆数据。为了保护智能网联汽车免受潜在的威胁,制定一系列的信息安全策略是必要的。下面是一些常见的智能网联汽车信息安全应对之策。

1. 加强网络安全防护

智能网联汽车应该配置强大的网络安全设备,包括防火墙、入侵检测系统和入侵防御系统,以阻止未经授权的访问和恶意攻击。

2. 数据加密与隐私保护

对于在智能网联汽车上收集和传输的敏感数据,如驾驶人的位置信息、个人偏好等,应该采用强大的加密算法进行保护。同时,车辆制造商需要制定隐私政策,明确告知车主数据处理方式并确保合规。

3. 软件安全更新

定期进行软件安全更新和补丁管理,以修复已知的漏洞和弱点。车辆制造商应该建立完善的安全团队,及时响应并处理新发现的安全漏洞。

4. 身份认证与访问控制

采用身份认证技术,如多因素认证和生物特征识别,确保只有合法的用户可以访问车辆

的系统和数据。

5. 物理安全保障

智能网联汽车的物理安全同样重要。车辆制造商应该采用物理安全措施,如车辆锁定系统、远程定位和禁止带外设备的连接等,防止车辆被盗或未经授权的物理访问。

6. 安全意识培训

培训车主和车辆用户有关信息安全的最佳实践和注意事项,包括不打开可疑链接、不信任未经验证的应用程序等。车主和用户需要了解如何保护个人信息和网络安全,以减少潜在风险。

7. 合规和监管

车辆制造商需要密切关注信息安全领域的最新法规和标准,确保车辆的设计和实施符合相关的合规要求。同时,监控和报告安全事件,与相关政府机构和安全研究人员合作,以提高信息安全的水平。

总而言之,智能网联汽车的信息安全应对需要综合考虑网络安全、软件安全、物理安全等多个方面。制定一系列的安全策略、采用技术手段和加强用户培训,可以有效地降低智能网联汽车面临的信息安全威胁。然而,信息安全是一个不断发展和演变的领域,车辆制造商和相关利益方需要保持敏感并持续改进安全措施,以应对日益复杂的安全挑战。

习题

一、选择题

1. V2X 通信技术中的 V 代表(　　)。

　　A. Vehicle(车辆)　　B. Value(价值)　　C. Velocity(速度)　　D. Virtual(虚拟)

2. 所谓 V2X,意为 Vehicle to Everything,即(　　)。

　　A. 车对外界的信息交换　　　　B. 车辆之间的信息交换

　　C. 车辆安全　　　　　　　　　D. 车辆与车辆

3. V2X 通信技术是指(　　)。

　　A. 车辆与人的交流技术

　　B. 车辆与道路的交流技术

　　C. 车辆与车辆以及车辆与基础设施的交流技术

　　D. 车辆与云端服务器的交流技术

4. V2X 通信技术的主要目标是(　　)。

　　A. 提高驾驶人的娱乐体验　　　　B. 实现车辆自动驾驶

　　C. 提高道路交通的安全性和效率　　D. 减少车辆的制造成本

5. V2X 通信技术可以支持的应用有(　　)。

　　A. 实时交通信息分享　　　　B. 自动紧急制动

　　C. 道路收费系统　　　　　　D. 音频娱乐系统控制

6. V2X 通信技术中,主要的通信方式包括(　　)。

　　A. Wi-Fi　　　　B. 蜂窝网络　　　　C. 毫米波通信　　　D. 车载个人助理

7. 盲区预警/变道辅助使用地通信类型是（　　）。

 A. V2V   B. V2I   C. V2P   D. V2N

8. 前方拥堵提醒使用地通信类型是（　　）。

 A. V2V   B. V2I   C. V2P   D. V2N

9. 车联网的功能有（　　）。

 A. 信息服务及管理   B. 减少交通事故

 C. 实现节能减排   D. 以上三项都是

10. 车联网关键技术分布在（　　）三个层面。

 A. 端-管-云   B. 端-管-车   C. 网-管-车   D. 车-云-端

11. 在"管"层面，关键技术主要包括（　　）。

 A. 车辆和路侧设备的智能化、网联化进程加快，关键技术包括汽车电子、车载操作系统技术等

 B. 4G/5G 车载蜂窝通信技术、LTE-V2X 和 802.11p 直连无线通信技术等

 C. 实现连接管理、能力开放、数据管理、多业务支持的车联网平台技术是核心

12. 在"云"层面，关键技术主要包括（　　）。

 A. 车辆和路侧设备的智能化、网联化进程加快，关键技术包括汽车电子、车载操作系统技术等

 B. 4G/5G 车载蜂窝通信技术、LTE-V2X 和 802.11p 直连无线通信技术等

 C. 实现连接管理、能力开放、数据管理、多业务支持的车联网平台技术是核心

13. 以下不属于智能网联汽车行驶路径识别对象的是（　　）。

 A. 道路交通标线   B. 行车道边缘线

 C. 人行横道线   D. 交通信号灯

二、判断题

1. 车联网是以车内网、车际网和车载移动互联网为基础，按照约定的体系架构通信协议和数据交互标准，在车与X（车、路、行人及互联网等）之间，进行通信和信息交换的信息物理系统。（　　）

2. 车联网可为交通管理机构提供服务，提高车辆与交通相关信息的数量和质量，更高效地管理运输系统，为城市交通规划提供支持。（　　）

3. V2I通信主要特点包括车辆可以通过5G来接入互联网，路侧单元可以对在其覆盖范围内地车辆节点进行信息广播；路侧单元可以准确地捕获其覆盖范围内地道路状况，交通灯以及车辆状况。（　　）

4. V2V通信的主要特点包括车与车之间地连接是间断性与随机地；车辆之间地通信可以进行单跳传输，能保证消息地安全正确到达；车辆之间地单跳传输取决于路由地选择。（　　）

5. V2P通信是指行人使用用户区域地设备，如智能手机，多功能读卡器等，与车辆区域地设备进行通信。车与行人通信主要应用于防止车与行人相撞，智能钥匙，信息服务，车辆信息管理等。（　　）

三、简答题

1. 请简要说明 V2X 在智能网联汽车中的含义和作用。

2. V2X 通信可以支持哪些应用?

3. 请简要说明数据云在智能网联汽车中的作用和优势。

4. 列举一些智能网联汽车中数据云的应用场景。

参 考 文 献

［1］工业和信息化部,国家标准化管理委员会.工业和信息化部　国家标准化管理委员会关于印发《国家车联网产业标准体系建设指南(智能网联汽车)(2023版)》的通知(工信部联科［2023］109号)［EB/OL］.(2023-7-26)［2023-8-1］https://www.miit.gov.cn/igsj/kjs/wjfb/art/2023/art 28a7501f51ae4b408f32f3fb2c49e271.html.

［2］中华人民共和国工业和信息化部.车联网(智能网联汽车)产业发展行动计划［EB/OL］.(2018-12-05)［2023-04-20］.http://www.gov.cn/zhengce/zhengceku/2018-12-31/content_5442947.htm.

［3］李克强.我看智能网联汽车十年发展［J］.智能网联汽车,2022(3):6-9.

［4］中国汽车工程学会.节能与新能源汽车技术路线图2.0［M］.北京:机械工业出版社,2020.

［5］段卫洁.智能网联汽车概论［M］.北京:人民交通出版社股份有限公司,2023.